西樵歷史文化文獻叢書

南海九江朱氏家譜（三）

（清）朱次琦 朱宗琦 纂修

广西师范大学出版社
GUANGXI NORMAL UNIVERSITY PRESS
·桂林·

南海九江朱氏家譜卷五

七世孫學懋初輯
十世孫昌瑤續脩

十五世孫[stamp]
十六世孫士報
十五世孫士仁編校
十七世孫西長
十六世孫奎元捐刊 福元 顯元

宗支譜

圖四 居址附 居址圖附

錄繹思房所屬支派十三世至十八世

十三世 殿元 見上
十四世 驥宗 字馴千 號昊和
十五世 正強
十六世

配陳氏

聖强 字時剛 配關氏

志連 字懷德 配□氏

驥保 字騏千 配□氏

貞强 字健剛 配□氏

敬連 字朝陞 配關氏

驥德 字景千

雨吉 見上

驥元 字原千 配鄧氏

□强 字貫南 配關氏

喜元 字應芳 號秀蘭 配馮氏

炳元

殿長 見上

公華 字□□ 配□氏 立用瓊繼

用瓊 字達章 配陳氏

茂清

細茂

阿汝

殿官 見上

殿敬 見上

元科 見上

阿六 字成中

阿八 字遂中

十二 字萬千

阿四 字上千 號得源 配鄭氏

見寬 字夫五 號仰湖 配關氏

用瓊 出繼公華

會瓊 字餘章 配關氏 立叶信繼

太瓊 字孔章 配胡氏

阿六

德貴 字進章 號東成 配關氏 繼李氏

叶信 字永泰 配關氏

逢球 字亮蔭

世球 字宏蔭

逢高 字錫謙 配關氏

元慶 見上

見賢 字沛五 號錦湖 配關氏 繼張氏 立餘貴 繼

見樂 字和五 配郭氏

正貴 字朝章 號連成 配關氏

茂貴 字蔭廣

餘貴 出繼見賢

餘貴 字廷章 號昌成 配曾氏

閏德 字漢章 配關氏

逢春

逢秋 字秩謙 配岑氏

逢源 字桊謙 配黃氏

逢恩 字鴻謙 配關氏

叶信 出繼曾瓊

見興字迪祥
號啟垣
配李氏
立志明

見懷字瓊五
配關氏

志明字成章
配關氏

三明出繼見時

志明出繼見興

初明字裕章
配李氏

池德字琢章
配陳氏

琛開

順開

兆信

安信

新信字建謙
配胡氏

仕信字常謙
配關氏

繼

見時 字顯倫 配關氏 立三明繼

- 蜑家
- 細蜑
- 三明 字純章 配關氏
  - 庚開
  - 帶開
  - 業開

逢秋 見上

- 社福
- 社五

長游 見上

- 同安 字樂千
- 同□ 字聯千

長泰 見上

- 佢三

- 士魁 見上
  - 公林 殤
  - 金衢 字龍千 號躍池 配關氏
    - 乙初 字始林 號秀園 配張氏 繼陳氏 庶勞氏
      - 巢煜 字燿德 配關氏
    - 友初 字應林 號信廷 配陳氏
      - 領科 字融德 配陳氏
    - 炳初 出繼玉衢
  - 玉衢 字鳳千 號飛池 配岑氏 繼譚氏 庶張氏 鄧氏立炳初繼
    - 炳初 字卓林 號麗圃 配關氏
      - 占科 字廣德 配關氏
      - 錫科 字進德 配關氏

光賢 字聚源 配關氏
□初 字潤林 配關氏
朋興 字成德 配黃氏

見英 字雄千 配關氏
新孫 字燦成

奇英 字傑昌

世贊

澄榕 見上

遇貴 字國寶 號宏川 贈州同 配關氏 贈安人

澤琦 原名長富 字沅昌 號芷灣 例州同 配關氏

家驥 字耀宗 號文卿 配曾氏 庶關氏

家醇

養富 字仁昌

世養 字繼昌

澄柟 見上 立遇明繼

遇明 出繼澄柟

遇明 字潤寶 號貝潭 配曾氏 繼關氏

體富 字樹昌 配關氏 庶關氏

家驄

家騆

元騏 見上

清德 字萼輝 號香浦 配關氏

成培 字榮昌 號昭廷 配黃氏 繼關氏 庶劉氏

權保 字廣朝 號順庵 配黃氏 繼陳氏

桐保 字滿朝 號鳳池 壽官 配劉氏 繼黃氏

壽保 字登朝 號貴廷

長正 見上

允登 字旋千 號忠和 配黃氏 立英長繼

二登 字煥千 號元和

英長 字信賢 號仁軒 配周氏

配周氏 繼何氏

能保 字顯朝 配關氏

得靈 字秀能 號雲階 配關氏 繼吳氏

得輝 字燕能 配關氏

得進 字意能 配馮氏

配關氏

三登 字靖千 號明和 配關氏

英長 出繼允登

岳湖 見上

允恭

允讓 字平端 號信和 配關氏

新姪 字創賢 號斗壺 配陳氏

官帶 字獻能 配關氏

東帶 字耀能 配岑氏

岳秀 見上

允高 字協端 號定和 配關氏

新寀 字煥賢 號樂軒 配周氏

公壽 字光萬 號龍山 配李氏

公就 字時萬 號仰山

配鄭氏
庶關氏

公永 字恒萬 號景山
配關氏
庶關氏

新六 字卓賢 號浩峯
配張氏

國帶 字茂廷

連帶 字盛元
配陳氏

會帶 字貴萬
配黃氏

孔孫見上

國柱 字湛朝
配梁氏

瑞毓 字際昌
配吳氏

柏年 字景琦
配張氏

立瑞毓
繼

國憲 字御朝
配崔氏

瑞毓 出繼國柱

瑺毓 字仁昌
號愛軒
配關氏
繼胡氏
周氏

照年 殤

國第 字匯朝
配關氏

乾毓 字廣昌
配陳氏

榮孫 見上

國宏

國衍 字蔭朝
配關氏
繼胡氏

國衛

華孫 見上

國祚 字鼎朝
號日軒

永毓 字秀昌
配關氏

熾年 字英琦
配關氏

配李氏
繼區氏

顯榮 出繼國輝

榮年 字靄琦

富孫 見上

國輝 字暢朝 號樂善 配何氏 立顯榮繼

顯榮 原名植毓字勵昌號錦亭七品頂戴配霍氏

富年 字貴昭

有年 字貴耀

旺年 字啟禧 配關氏

新年 字杰禧 配黃氏

國緜 出繼長興

國恩 殤

國德 字聚朝 號仁齋

浩毓 字華昌 配陳氏

濈年

配關氏
繼岑氏

立濈年繼

國維
外出

兆新
字應彰

祥新

貴孫見上

卯孫見上

國儀
字宏佈
號博齋
配王氏
繼關氏

協毓
字熊昌
配張氏
守節立
鉅年繼

鉅年

悅毓
字廷楨
配關氏
庶關氏

鉅年
出繼協毓

濈年
出繼浩毓

怡毓
字幹楨

國嶺字剛仰
配鄭氏

□毓

長緒見上

國韜外出

細韜字禮朝
配張氏

長至見上

國士字殿彩
配關氏

國林字賢彩
配張氏

長萃見上

國儒字亮彩
配李氏

敏聰

長芳見上

國泗字時仰號雲山配關氏

國富字相業號承莘配陸氏

連興字慶初配關氏

以仁

聯興字景初號意壺配關氏

以禮

兆興字錦初號式齋配張氏

以義

以亮字捷鴻配關氏

茂興字盛初號叢軒

以權字卓鴻配關氏

配關氏

以長 字廷光 配關氏

以德 字廣鴻

以萬 字暢鴻

叶興 字聖初 號勉仕 配關氏

長進 見上

國文 字煥斯 號樂壺 配黃氏 繼蘇氏

沾賜 字履揚 配關氏

壬科 字占鴻 號鼇峯 配曾氏

週賜 又名沾和 字鷹揚 號武成 配關

新科 字顯鴻 配關氏

氏

國舉

國昌 字偉斯 號樂軒 配關氏

□賜 字敬揚

瓊賜 又名沾 太字振 揚號勉 亭配黃 氏

聯賜 字捧揚 號普軒 配鄧氏 立壽奴 繼

至科 字耀鴻

士科 字正鴻

勝科 字純鴻 配關氏

世科 字敵鴻

壽奴

潤賜 字信揚

鍾賜 字允揚 號淨普 配關氏 庶李氏

意科 殤

章科 殤

壽奴 出繼聯賜

獻奴 殤

炎奴

長興 見上 立國縣繼

國縣 字繩斯 配曾氏

長貴 見上

國麟 字明斯 配陳氏

應龍 字溢揚 號海量 配張氏

戊科

同科

長聚 見上

國璋 字垣仰 配關氏

汝璧 字璧如 配曾氏

匡正 字萬始 配鄭氏

繼劉氏

國懷 字彝仰 配關氏 繼黃氏 立汝珽 繼

國秩 字惇仰 號樂齋 配陳氏 繼羅氏

福 見上

國猷 字平仰 號洽軒

汝珽 出繼國懷

汝珽 字昌如 配關氏 繼潘氏

汝蒼 字信如 配關氏

汝安 字粹如 配關氏

汝璁 字昭如 號耿庵

彥正 殤

爲傑 殤

爲能

爲亨 殤

朗正 字啟能

配李氏立汝璁繼

配關氏繼關氏

阿二字瑞能

爲言

爲佐

國典又名國辰字經仰號念園聘關氏關氏配關氏

汝璁出繼國猷

汝璸出繼國棟

汝瑾字藉如號懷軒配陳氏立爲熊繼

爲熊字麟元配李氏

汝琯字翕如配關氏

爲鋙字相元配袁氏

汝珙字燦如號雲漢

爲熊出繼汝瑾

長裕 見上

壽官 配關氏

國薦 字喬仰 號濟川 配關氏 繼陳氏

國棟 字叢仰 配黃氏 旌節立汝璸繼

汝琚 字協如 號靄然 配關氏 庶陳氏

汝璸 字品如 配關氏 繼關氏

爲寶 字沛元 配關氏

爲業 字泰元 配黃氏

爲長 字海元 配關氏

爲光

爲剛

爲高

爲鵬 字翼元 配張氏

國杞 字連卿 配關氏 繼關氏 關氏

太錢 見上
國緒 字宗傑 配岑氏
可大

興進 見上
國祀 字挺傑 配李氏

廷舉 見上
志蕃 字靄光 號懿樂 配梅氏
洪謙 殤
秀蕃 字茂光 配關氏
偉謙 殤
牛謙 殤

萬舉 見上

基蕃 字茂然 配潘氏

耆謙 字履和 配關氏

文謙 字遜和 配岑氏

炳謙 字益和 配黃氏

鳳儀 見上

國彥 字始元 配陳氏

楚成 字泰超 配關氏

卓興 字肇祥 配關氏

漢興

國明 字佐元 配張氏

應成 字能超 號朗湖 配關氏

景望 見上

達昌 字堯舉 配黃氏

松貴 殤

遠昌

連昌

邁昌

志望見上

帝望見上

貴剛 字道宗 配馮氏

萬貴 殤

閏貴 字湛成 號副軒

光德 字暢時 號惠孚 聘關氏 配關氏 立齡恩 松恩繼

光成 字幹時 號濟生 配關氏

齡恩 字瑜贊 號政然 配鄧氏

松恩 字霖贊 配李氏

齡恩 出繼光德

聖恩 殤

喬望 見上

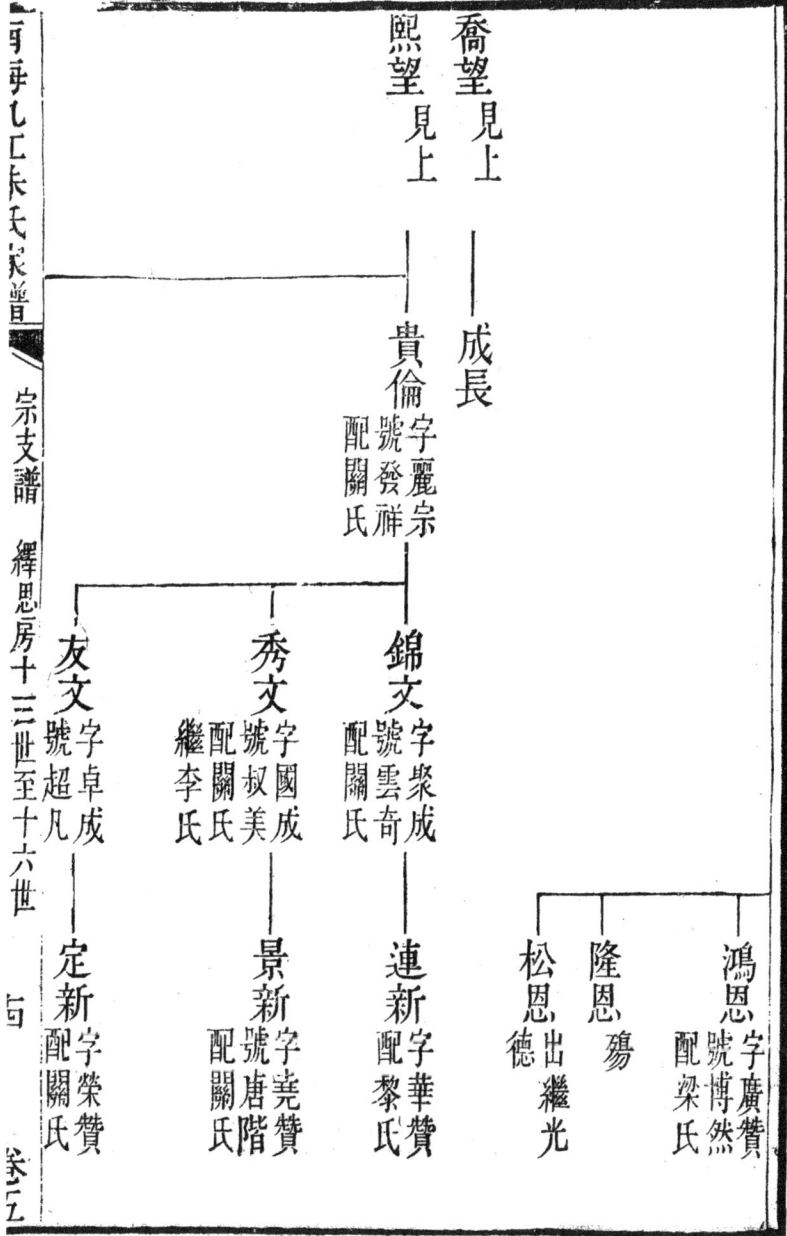

熙望 見上

成長

貴倫 字麗宗 號發祥 配關氏

錦文 字聚成 號雲奇 配關氏

秀文 字國成 號叔美 配關氏 繼李氏

友文 字卓成 號超凡

鴻恩 字廣贊 號博然 配梁氏

隆恩 殤

松恩 出繼光德

連新 字華贊 配黎氏

景新 字堯贊 號唐階 配關氏

定新 字榮贊 配關氏

配張氏
繼關氏

阿六 字英宗
配關氏

市文 字翕成
配黄氏

繼鄭氏

財新 字瓊贊
配陳氏

寶新 字永贊

日新 字明贊

細新 字佑贊

汝新 字賢贊
號濟川
配農氏

顯新 字輝贊
配張氏

明新 字光贊
配程氏

建新

登新

進文 字璧成 配關氏

佳新

光望 見上

貴錦

貴盛 字顯宗 配口氏

三體 字遇成 配岑氏

貴緒 出繼長望

俊望 見上

貴生 字光拔 配黎氏

口望 見上

貴旺 字秀拔 配馮氏

有望見上
—貴隆字朝拔配關氏
—應秋字萬成配關氏
—□艮字宏贊號廣元配關氏

長望見上立貴緒繼
—貴緒字纘宗配關氏繼黎氏
—裕秋字煥成配關氏庶陳氏
—□新字朝贊
—阿義字彩成配何氏
—□新字昌贊配趙氏
—□新字盛贊配楊氏

程望見上
—貴長字賢宗配鄭氏
—潤林字茂然號瀛洲配關氏庶陳氏立行新繼
—行新字奇贊配黃氏

廷望見上

貴元字瓊宗
配關氏

家旺字浩然

貴魁殤

貴源字榮德
號葉豐
配李氏

上最字文標
號博傳
配黄氏

維新字業贊
號平江
配梁氏
繼關氏

蝶新字元贊
配關氏

行新出繼潤林

爾旋見上

顯遇

爾璋見上

貴聚字漢輝
配關氏

上鼇字禹元
配關氏

兆鼇 字滄元 配曾氏 繼關氏
— 旺弟 字興發

占鼇 字應元 號太波 配陳氏 繼潘氏
— 伯昌 字祥開
— 東來 字璐贊 配胡氏

貴□ 字賁輝 配□氏
— □□ 字喬元 配關氏

賁□ 字瞻輝 配□氏
— 茂林 字秀元

殿璋見上
— □□ 字彩隆 配曾氏
— □□ 字耀章

殿琛 見上

□□ 字裕隆 配岑氏 繼曾氏

□□ 字能章

□□ 字成章

殿琮 見上

貴成 字澤儒 配林氏

社明 字寗章 配李氏

祥盛 字業堂 號基富 配關氏

燕盛 出繼社長

社長 字敬章 配關氏 立燕盛繼

燕盛 字逭堂 號樂園 配關氏

殿珍 見上

論卿 字顯隆 配關氏

艮卿 出繼殿珩

朝卿 字耀隆 配關氏

上孔 字發章 配關氏

上連 字聯章 配口氏

上賢 字德章 配關氏

上君 出繼艮卿

志曉 字偉堂 配口氏

志官 字俊堂 配黃氏

殿珩 見上立艮卿繼

艮卿 字輝隆 配劉氏 立上君繼

上君 字勝章 配張氏

志松 字茂堂 號富山 配黃氏 繼陳氏

志信 字敏堂 配黃氏

殿瑜見上

貴仲 字錫隆 號泰源 配黎氏

上榮 字憲章 配關氏

志廣 字兆堂 聘鄧氏 守節

志舉 字謙堂 號益軒 配關氏

上八 字維章 配關氏 守節

志浩 字祐堂 聘關氏 守節

殿瓚見上

凌仲 字相隆 號弼如 配關氏

上英 字權章 號樂民 配馮氏 立志福繼

志福 字意堂 號誠齋 配關氏

上華 字振章 號興民

志和 字啟堂 號裕齋

配關氏

配李氏 繼關氏

- 上富 字潤章 號澤民 配張氏
  - 志福 出繼上英
  - 志才 字璧堂 號美齋 配關氏

- 殿昇 見上
  - 詔卿 字葉隆 配關氏 繼鄭氏
    - □□ 字元章 配黃氏
  - 諭卿 字惠隆 號逸軒 配關氏
    - 帝祉 字賢章 配關氏
      - 志□ 字翼堂 號佐槐 配劉氏
      - 成 殤
      - 鴻 字傑堂

殿賡 見上

培興 字熾隆 號慎莊 配黃氏 繼陳氏 張氏

上禹 字恒章 號傳薪 配關氏

志海 字秀堂 配□氏

儀章 以字行 原名伯桐 號南屏 壽官 配關氏 繼游氏

嘉儒 字禮堂 號博如 配關氏 繼關氏

鈞郎 見上

禮盛 字信昌 號仁厚 配張氏

光保 字緝輝 號綿朗 配張氏

球長 字焞亮 配關氏 庶鄭氏

明保 字秀輝

義進 字成昌 號志厚 配□氏

- 廓郎 見上
  - 丙德
  - 懷德 字思聖 號南朝 配關氏 繼岑氏 曾氏
    - 觀保 字彩榮 號純川 配關氏 繼關氏
      - 初長 字璧揚 號玉庵 配關氏
      - 發長 字啟揚 號曉庵 配黃氏 庶梁氏
      - 全長 字顯揚 配梁氏
  - 聚德 字華昌 號樸軒 配關氏
    - 永保 字礪榮 配周氏
    - 受保 字茂榮 配鄭氏
      - 成長 字澤揚 配潘氏

閏長 字仕揚 配彭氏

富長 字贊揚 配關氏

惠郎 見上

□□ 字鴻昌 配陳氏

清保 字景常 號樂亭 配劉氏

炎元 字昭揚 號瑞庵 配羅氏

□□ 字至昌 配關氏

昇保

元禎 見上

永德 字光緒 號奇波 又號岐峯 配黃氏

夢齡 字緝熙 號發賢 配郭氏

夢長 字純熙

炳德 字耀緒 號華山 配關氏

謙德 字英緒 配關氏 繼岑氏

夢禧 字叶才 配關氏

夢熊 字叶乾 配劉氏 繼林氏

夢蛟 字叶龍 配李氏

夢祥 字貞文 號善詞 配岑氏

夢富 字信文 號貝賢 配關氏 繼吳氏

輝始 字浩純 配張氏

光始 字懷錦 配陳氏

乾始 字廷錦 配陳氏

敬始

成德 字華緒 號順波 配劉氏 繼關氏

夢貴 字廣文 號富賢 配張氏

夢蘭 字直堂 號勝賢 配關氏

萬始 字成錦 配余氏

榮始 字亮錦 配關氏

經始 字綸錦 配曾氏

庚始 字煥錦 配關氏

元安 見上

元欽 見上

聚林 字□萬 號松軒 配陳氏

德富 殤

德亮 殤

夢蓮 字雲堂 號永濟 配關氏 繼黃氏

夢賢 字宏秀 配關氏

夢□ 字明秀 配張氏

貴始 字朝錦 配鄭氏

應始 字夌錦 配關氏

章成 字錫祥 配張氏

世章 字德芳 配鄧氏 繼林氏

德廣 字應萬 號百千 配梁氏

儀祿 字偉昌 配關氏

儀高 字瓊昌 配關氏 繼黃氏

壽貴 殤

福貴 字純謙 配關氏

榮貴 字富謙 配關氏 守節

紫貴 字昭廷 配關氏

聯貴 殤

華貴 字章廷 配關氏 庶莫氏

朝貴 字振廷 配曾氏

德魁 殤

德貴 字洪萬 號敬千 配黃氏

儀清 字能昌 配彭氏

儀發 字翼林

儀旺 字禮蒼 號厚垣 配關氏

長貴 字善謙

二貴 字幹廷 配李氏

永貴 字憲廷 配周氏

元貴 見上

長德 字進萬

才德 字超萬 配張氏

祿余 字亦昌 號隆川 配關氏

柏高 殤

志高

良德 字振萬

大成 見上

燮南 字和東 號惠封 配黃氏

敬南 出繼大受

喬南 出繼大經

澤南 出繼大智

懷南 字陵東 號暘谷 配劉氏

祖基 字貽昌 號樂圃 配關氏

祖明 字燦華 配關氏

祖周 字德昌 配關氏

行旺 字壯懷 號宜健 配關氏

寧旺 字炳懷 號發名 配關氏

潤南 字餘東 號懋庵 配關氏

祖韜 字佐昌 號弼亭 配關氏 繼陳氏 會氏庶 關氏

祖常 字行昌 號緯亭 配關氏

□旺 字永懷

志旺 殤

章旺 殤

祥光 原名報旺 字耀懷 號照山 未入流 聘關氏 配關氏 庶黃氏

財旺 字典懷 號逸山 配關氏

寶旺 字璧懷 號玉山

配關氏 庶韋氏 關氏

呂旺 字暢懷 配黃氏 繼梁氏

有旺 字順懷

心旺 殤

細旺 字燕懷 配關氏

祖畧 殤

祖謨 字禹昌 號贊亭 配關氏

貴旺 字達懷 配馮氏 庶黎氏

年旺 殤

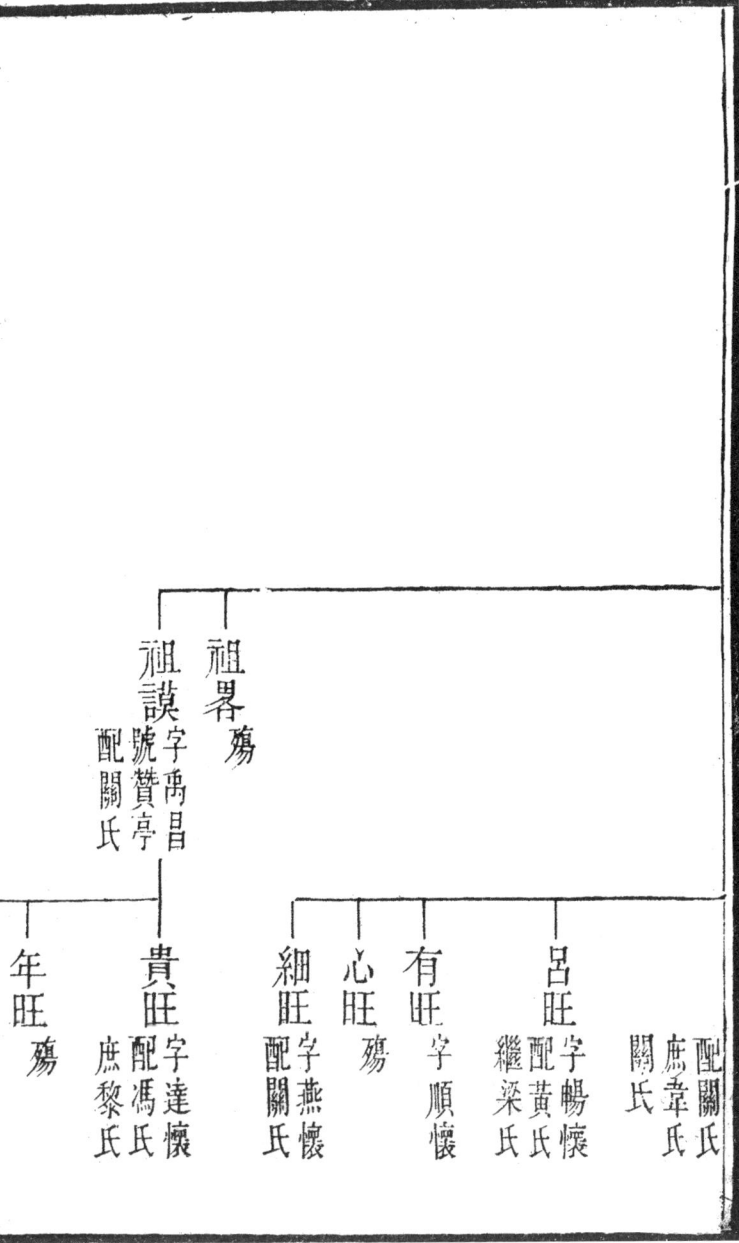

大智 見上立澤南繼

澤南 字沛東 號澄軒 配關氏

祖勝 字興國 號逸湖 配關氏

祖壽 字延國 號栯湖 配劉氏

祖寄 字挺國 號平湖

貢旺 字安懷 配張氏 庶陳氏

敬旺 殤

聯茂 字秀芳 號樂時 配張氏 庶錢氏

英茂 字豪彰 號侶顏 壽官 配關氏

雄茂 字傑彰

全茂 字正芳 號德時

大經見上並喬南繼

喬南字峻東號峭峯配黎氏

祖尚字賓國配岑氏

祖成字建國號厚亭配周氏

祖亮字耀國號汶湖配關氏

阿五字景國號佳圃配關氏

配關氏

松茂字冠林配關氏

根茂字發榮配關氏守節

梅茂出繼祖文

□茂字暢榮

同茂外出

□茂字翰芳

配關氏

立松茂繼

祖登 字觀國

祖文 字經國 號憲亭 配關氏 立梅茂繼

梅茂 字啟榮 號柳禧 配黃氏

鳳墀 以號行 原名祖儀 字華國 壽官 配關氏 繼張氏 庶關氏

□茂 字長林

松茂 出繼祖尚

榕茂 字郁林 配周氏 庶胡氏

大受 見上 立敬南繼

敬南 字鎮東 號翠屏 配關氏

祖光 字輝國 配關氏

景深 字韶芳

紹顯 見上

苗先 字宗緒 號敬謨 配關氏

日先 字洪緒 號奇海 配關氏

祖祐 字保國

新弟 字聯昌 配關氏

聖弟 殤

裔廣 字秀昌 號森軒 配劉氏 繼張氏

裔德 字連昌 號枝軒 配關氏

潤福 字餘業 配黃氏

滿福 字漢業 配關氏

球福 字盛業 配梁氏

多福 字景業 配關氏

肇新 見上

帝保 字球占 配陳氏

松賢 字敬章 配關氏 守節

明保 字洪占 配關氏 守節

可賢 字昭倫 配關氏

細賢 殤

裔寧 見上

長福 字裕躬 號靜坡 配關氏

道保 字德禎

連保 字耀禎 配關氏

迎保 字秀禎 號茂祥 配曾氏

鵬 字元鯤 配關氏

次福 字達賢 號竹坡

逢保 字靄禎 配關氏

配關氏

遠保 出繼六福

閏富 字光賢 號鏡坡 配周氏

迪保 字政邦 配關氏

春魁 字元進 配關氏

六福 字輝賢 號映坡 配關氏 立遠保繼

遠保 字遂禎 配陳氏

其卓 見上

閏江 字叶蒼 配黃氏

閏昌 字英茂 號雄軒 配彭氏

金保 字顯邦 配劉氏

建興 字燕隆 配關氏

- 閏連 字秉蒼
- 閏松 字明蒼

- 德保 字泰邦 配胡氏
  - 齡長
  - 才長

- 聖忠 見上
  - 阿貴
  - 有貴

- 娛孟 見上
  - 瑞瓊 字盛朝 配關氏
    - 阿一 字顯榮 配關氏
    - 阿近 字泰成 配關氏
      - 其安

- 明□ 見上
  - 珮瓊 字輝豪 配黎氏
    - 科弟 字允成

明寶 見上

- 阿成 字澤平 配關氏
  - 元科 字昭倫 配鄭氏
    - 國貞
- 戊成 字昌平 號盛莊 配關氏
  - 連科 字作良 配鄧氏
    - 和昆 字叶佳 配李氏
    - 和茂
    - 和蔭
  - 洪科 字正良 配關氏
    - 承長
    - 靈長 殤
  - 進科 字偉良 配關氏
    - 承悌 字信佳 配陳氏

明□ 見上

- 有成 字佐平 配黎氏
  - 貴新 字賢賓 配關氏
    - 富潤 字志林 配關氏

- 明貴 見上
  - 國球 字進廷
  - 珮球 字燦廷 號玉山 配關氏 繼劉氏
    - 旺開 字兆祥 配關氏
      - 森長
      - 景長
- 明泗 見上
  - 貴新 字進業 配關氏
    - 海金 殤
    - 海元 殤
    - 海寧 字壯良 配關氏 繼胡氏
- 明新 見上
  - 閏長 字庚成 配關氏

閏連 字秀聯 配陳氏

必名 見上

裔吉 字孔昌 號杏莊 配周氏 立知仁繼

知仁 字良爵 配關氏

祥鳳

焜鳳

必通 見上

肇元

國用 見上

兆珍 字保天

國寧 見上

兆乾 字維天 號覆寰 配陳氏

富貴 殤

長貴 字宏爵 號達尊 配關氏 繼劉氏

顯鳳 字鳴周 配關氏 繼陸氏

榮鳳 字贊周 配關氏

繼關氏

- 儀鳳 殤

- 德好 見上
  - 彥邦 字殿英 配曾氏
    - 潤貴 字榮爵 配岑氏
      - 得鳳 字協周 配鄧氏
      - 相鳳
      - 錦鳳
      - 林鳳
    - 知仁 出繼裔吉
    - 添貴 殤
    - 多貴 字朝爵 配關氏

- 貴弟 見上
  - 領魁 字榮業 配黎氏 繼何氏
    - 京棠
    - 京聯 殤

禶桂 見上

湛魁 字祥業 配李氏

京全 殤

斌元

連元

允元

上達 見上

錫元 字叶倫 號履德 配黄氏

璧豪 字輝漢 號錦泉 配關氏

元貴 字秩榮 配黄氏 繼麥氏

勝豪 字英漢 配關氏

戊貴 字殿榮 配鄧氏

昭貴 字燦榮 配周氏

紹揚 見上

□□ 字悳倫 配□氏

泗深 字朝漢 配李氏

章帶

蒼林 字茂倫 號盛德 配陳氏

應深 字經漢 配范氏 繼梁氏

賜之

爲深 字超漢 配黄氏 繼陳氏

信深 字華漢 配陳氏

五仔 見上

秋德 字偉脩 號純如 配黄氏

觀福 字興發

申錫 字宏寶 號鏞軒 配黄氏 庶陳氏

履多 字綽和

榮錫 字瓊寶 號濟川

滿林 殤

配關氏

永年 字遠寧
配陳氏

和德 字靄脩
號純報
配黃氏

富錫 字雲寶
配關氏

滿照

貴錫 出繼稱德

雄錫 字時寶
配關氏

滿全

滿高

恩錫 出繼積德

利德 字廣脩
號純軒
配梁氏
繼岑氏
庶黃氏

軍錫 字寵基

華勝 字葉基

懷保 字祐基

逢長 字汝衡
號懷謙

泰安 又名錦
漣字綽

配關氏
繼張氏

寀號若山配蕭氏

蔭安 字藉寀

志安 字燦寀配李氏

俊安 殤

翼安 殤

澄安 殤

還安 原名彩還字又寀

科德 字儒修號文軒

羣錫 子朝寶

配關氏

純錫 字盛寶

允元 字成寶 配關氏

滿建 字兆寧 配吳氏

稱德 字同脩 號農軒 配程氏 立貴錫繼

貴錫 字永寶

積德 字熾脩 號純儉 配岑氏 立恩錫繼

恩錫 字明寶 配易氏

滿祥 字相寧 配關氏

滿慶 殤

滿績 殤

昇南兄上

阿聚 字時遇 配陳氏

汝寧 字華寶 配吳氏

森榮

茂南 見上立阿旺繼

阿旺 出繼茂南

森燦

森熾 殤

阿旺 字龍遇

桂秋 見上

□□ 字耀廷

□□ 字燕廷 配曾氏

阿有 字昌勝 配劉氏

祥福 字業東 配關氏

壽長

□□ 字浩廷 配潘氏

興林 字貴宗 配關氏

桂昌見上

天麟見上

帝祿見上

春苟

寶林字純漢
配曾氏

岐昌字獻瑞

偉昌字英瑞
配吳氏
繼配韋氏

子炎字桀茂
配左氏

子和

公日字明照
配曾氏
立長柏

長柏字順南
配口氏

公壬殤繼

公成字祺照
號昌華
配關氏

福柏字景南
配劉氏
繼李氏

寶進殤

汝奴

公富字洪照
配李氏

長柏出繼公日

桐柏 字呂南 配李氏

汝涫

汝球 殤

公貴 字華照 配關氏

勝柏 字盛南 配潘氏

士炎 見上

□□ 字秉乾 配□氏

阿明 字懿棨

□□ 字相乾 配勞氏

江生 字聯敷 配劉氏

輝德

士燦 見上

□□ 字冠乾 配□氏 外出

□□ 字浩乾 配□氏

士友見上

上藩字廣瑛
配李氏
外出

壬洲外出

行洲外出

建洲外出

信洲外出

士通見上

上品字冠瑛

士球見上

祖生

士登見上

必禎字興兆
配黄氏

必祥字光兆
號豐城
配關氏

長貴字信榮
號華峯
配李氏

錫槐字燦時
配關氏

必福

康槐字晉時
配關氏

煥高見上

阿響

阿二

阿三

阿響阿二阿三並居連州

上彩見上

成貴字良佐
號善文
配黃氏

旺貴字賢佐

丙林字永南
配關氏

旋林殤

友林殤

阿彪

全八

阿六見上

阿全

上瑚見上

兆連字茂建號直江配彭氏

恩貴字吉利

金章字華錦號延齡配余氏

玉章

維章

斌祥字英垣號芳圃配關氏

敬祥字啟垣號賢圃配關氏繼關氏

仲祥字森垣號藝圃配潘氏

正連 殤

遇連 字會建

上瑜 見上

□□ 字璧元 配黃氏

世維 字太陛 又字泰錦 配關氏 繼配張氏 庶馮氏

帶奴 字濟垣 配張氏

祿奴 字振垣

樂奴 字偉垣

□□ 字參元 配黃氏

世娒

上瓊 見上

□□ 字殿建 配□氏

芝貴 字相鴻 配梁氏

福祥 字兆垣

其祥

麟祥 字禮垣 號與江 配黃氏

上璇 見上
- □□ 字廣建 配鄧氏
  - 新貴 字榮錦 配關氏

帝明 見上
- 亨齡 字益揚

長德 見上
- 公壽 字智量 號廣堂 配李氏
  - 成進
  - 亨進 字寧遠 配吳氏
    - 翹卓
    - 福輝

長禮 見上
- 栢林 字瑞清 配關氏
  - 廣勝 殤
  - 勤勝
- 汝林 出繼長有

長有 見上立汝林繼

燦球 見上

士林 殤

社林 字叶清 配關氏

聯勝

東勝

細林 殤

汝林

成春 字富華 號厚堂 配關氏

汝森 字奕揚 號健池 配關氏

熾培 字信邦 聘關氏 配關氏

添培 字耀邦 配關氏

仕培 殤

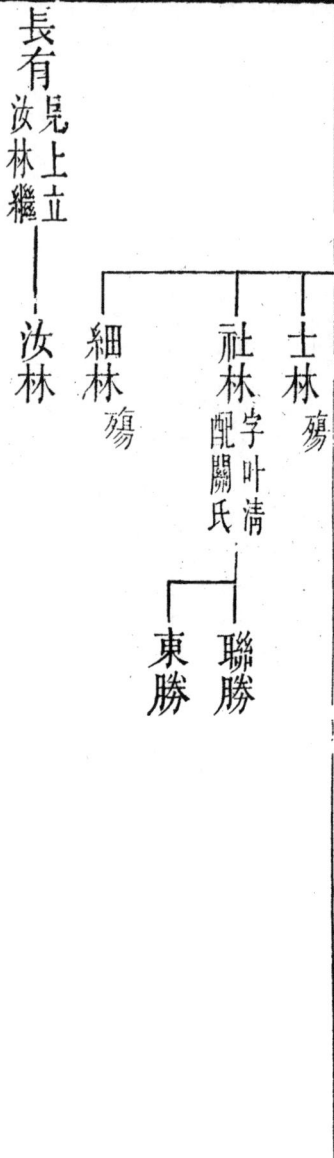

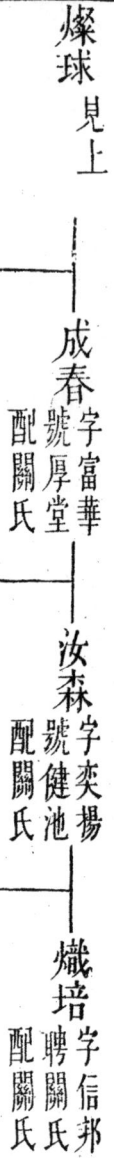

燦璋見上

逢春 字茂華 號植堂 聘張氏 配黃氏 立著森繼

禮春

兆春

廣森 字名揚 號滿康 配關氏

著森 出繼逢春

著森 字澤揚 號賢秀 配關氏 庶黃氏

悅培

潤培 字懷邦 配馮氏 繼康氏

錫培 字勝邦

渭培

焜培 字煜邦 配曾氏

溢培

仰培

相春 外出

燦珠 見上
- 祐春 出繼燦琳
- 上春 出繼燦瑛

燦琳 見上 立祐春繼
- 祐春 字卓華 號似雲 配黃氏
  - 敬森 字燕揚 號英常 配李氏
    - 鑑培
  - 弟森 外出

燦琪 見上
- 遇春
- 會春

燦瑛 見上 立上春繼
- 上春 字浩華 號海蘭 配黃氏
  - 廷進 字智揚 號慶昌 配張氏
    - 儀光 殤

植培 見上
- 建明 字秉光 號松軒
  - 仕東 字鷹揚 配關氏
    - 齡貴

配關氏

添貴

芳培見上

珊明

燦榮見上立宏經繼

宏經字秀廣號朗川配關氏

植槐字仁昭配周氏

金科殤

惠炽

柱槐出繼雄經

相槐出繼綸經

海槐殤

炎榮見上

宏經出繼燦榮

雄經字澤廣配關氏立柱槐繼

柱槐字傑昭配潘氏

銘科

綸經出繼林榮

林榮見上立綸經繼

阿文字盛廣

阿四字祐廣

賤貴字能廣

綸經字賢廣配關氏立相槐繼

相槐字俊昭配黎氏

著大見上

勤學殤

爲學字存誠

祺大見上

理學外出

緝大見上

和學殤

□昌見上

獻金字光廷號樵峯配關氏繼梁氏

發元字惠明

慶元字豪超號俊夫

敬科

配關氏
庶楊氏

林科

富元 字璧超 號連城 配關氏

榮科

同科

新科

始登 見上

叶祥 字朝顯 號碧海 配李氏 庶關氏

會成 見上

禎祥 字掄顯 配馮氏

章培 字信祺 配關氏

初有 字肇基 配關氏

庚有

安有

南海九江朱氏家譜 卷五

禮祥字宜顯號直庵
配周氏

建培字昆祺
配關氏

啟培字昭祺
配關氏

功培字相祺
配關氏

獻培字贊祺
配關氏

元有字作基
配鄧氏

全有字湛基
配陳氏

官有殤

宗有

常有

士有殤

明有

才有

斌成見上立福祥繼

福祥字盛顯號榮海

新培

福祥出繼斌成

發祥字定顯配周氏

□培字敬祺配曾氏

仲培字冠祺

垣培字耀祺配關氏

燦有

漢培字應祺配關氏

松有

金有

爲有殤

方有

來有

配關氏

悅成見上

興祥 字能顯 配鄭氏

東祥

南培 字瑞祺

振培 字奕祺 配曾氏

莊有

浩培 字順祺 配黃氏

懷有

根有 殤

光培 字冲祺 配黃氏

遇成見上

先祥 字興顯 配程氏

二祥 字祐顯 配趙氏

- 祚祥 字財顯 配潘氏
- 祖祥 字純顯 號瓊海 配關氏
  - 杏培 字錫祺 配陳氏 庶關氏
    - 權有
  - 錦培
  - 合培
  - 艮培
  - 桂培
- 世成 見上
  - 榮祥 字輝顯 號富海 配黃氏

珍成見上

炎祥

量成見上

萬祥字英顯配關氏

惠成見上

茂祥殤

旺祥字庸顯配關氏

丁培殤

熾培

昇培殤

永祥字廷顯配關氏

照培

江培

達培

祿培

進成　見上

寶祥　殤

錫培　殤

登成　見上

德祥　字業顯　號澄海　配曾氏

壬培　字占祺　配關氏

卓培　字潤祺　配劉氏

官成　見上

□祥　字松顯

□祥　字秀顯

天瓊　見上

接夔　字靄堂　號瑞齋　配關氏　立敷政繼

惠政

德政　殤

敷政　字寗國　號炳量　壽官　配陳氏　立

全安　字祥幹　配黃氏　庶吳氏

接遠 出繼天祺

接昌 字熾堂 號樂齋 配關氏

敷政 出繼接夔

星政 出繼接遠

芳政 字朝國 號威量 配關氏 庶張氏

全安繼

福安 字宏幹 配程氏

全安 出繼敷政

廣安 殤

有安 殤

保安 字貞幹 配關氏

驥安

天琪 見上 立接遠繼

接遠 字應堂 號靜齋 配關氏 立星政繼

接盛 字景堂 號雲齋 配劉氏 繼關氏

望鴻 殤

星政 字明國 號海量 配張氏

照安

勝安

能安 字元幹 號逸菊 配周氏 繼關氏

成安 字賢幹 號希甫 配關氏

堯安 字侶幹

恒安 字常幹

純安 字莫幹

聯玉見上

子炎 字靄賢 配何氏

儒政 字文國 配黃氏

子發 字輿堂 號象臺 配彭氏 繼關氏 外出廣西象州

阿朋 字惠宗

德先 字□□ 配陳氏 居廣西象州

祖槐 字經國 號槐亭 配關氏 繼李氏

仕揚 殤

才安

- 掄玉 見上
  - 子□ 字輝堂 配周氏
- 成克 見上
  - 元振 字燕堂 配關氏
    - □齡 字華國
    - 信齡 字耀國 配岑氏
      - 超揚 字然幹 配關氏
      - 琪揚
      - 燦揚 殤
  - 松振 字俊堂 號志軒 配黄氏
    - 茂齡 字榮國 配黎氏
      - 恩揚 字容幹 號雨森 配關氏
      - 煥揚 殤
    - 蔭齡 字開國
- 炳球 見上
  - 應科 字耀能 號偃武
    - 帶光 字廷拔 號歸田
      - 松安

配陳氏
庶閏氏
唐氏

覲光

森光

配岑氏

允安

炳貴見上

應堯字惠能
號博齋
配關氏

江保字勝超
號博亭
配黎氏
繼譚氏

根保字葉超
號開枝
配黃氏

炳如見上

阿智字寶榮

阿四字蔭榮

應銓字焯能
號學農

啟光殤

壽官配周氏

懷光字鏞拔號鏗甫配關氏

國安

秋光字沅拔號澧蘭配馮氏

權安

楊安

觀光字涫拔號孝順配關氏

鋈安

誠光殤

阿八字日榮

阿九字福榮

阿十字祐榮

應祥字瑞能號鳳臺

熾光殤

配梁氏
繼潘氏
庶關氏

照光

堯光

應鵬　字裕能　號儉堂　配盧氏　庶尹氏

吉光　字恆拔　配關氏

才光

恩光　殤

阿柱　殤

炳志　見上

鴻賓　字賢能　號眇齋

細鴻　出繼炳建

炳建　見上　立細鴻繼

細鴻　字懿能　號美齋　配黃氏

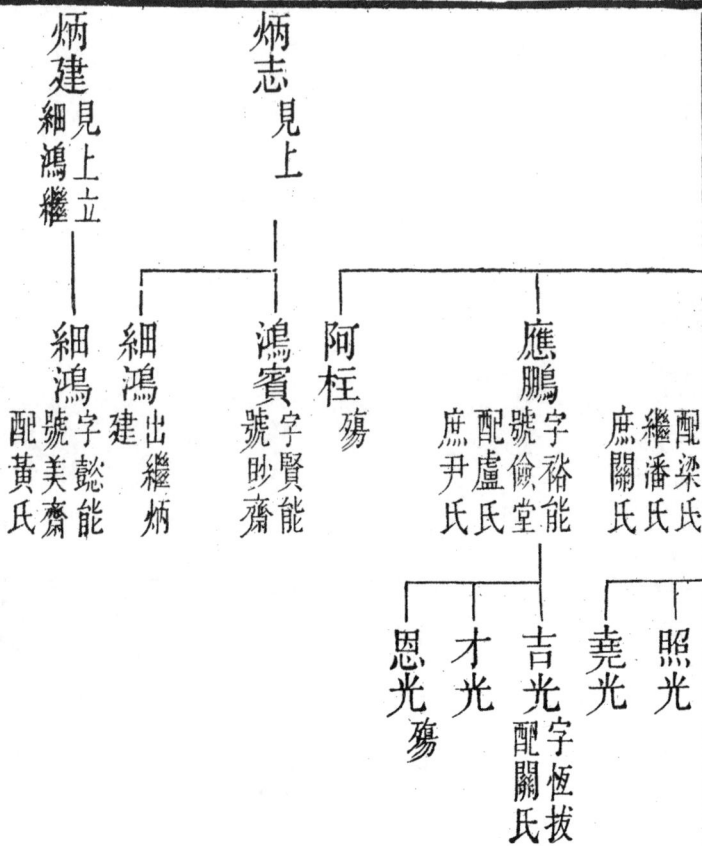

炳禮見上

相然字慶福

泰然字湛能號慈庵配關氏

阿洪見上

貴元字顯廷號月山配陳氏

科林字璧良號如軒壽官配關氏

安康字開廣配梁氏

寧康

福康字秩廣配李氏

永康

朝康字仁廣配關氏

華康字業廣配馮氏

壹康

南海九江朱氏家譜 卷五

上林 字殿亘 配陳氏

正林 字直亘

德林 字信亘 配關氏

傑元 出繼二洪

連元 字冠英 號濟堂 配何氏

閏林 字醇亘

懿林 字景亘 號福軒 壽官 配黃氏 庶關氏

順康

敬康

成康 字賢廣 配曾氏

堯康 殤

才康 殤

二洪見上
立傑元繼

傑元字宏英
號毓堂

瑞林字協臣
配嚴氏

二康字輝廣

勝林字寶臣

□林字祐臣

新林出繼阿偉

寬林字澤臣
號湛軒
配關氏
庶李氏

熾康字綸廣
配曾氏

佳康出繼新林

燦康字心廣

配黃氏

以林 字純艮

泗林 字浩艮

有林 字耀艮 配梁氏 庶曾氏

榮康 字志廣 配黃氏

進康

保康

富康

滿康

文康

明康

贊芝見上

阿偉 字卓英 配關氏 繼立新林

新林 字紹艮 配曾氏 繼立佳康

佳康

阿大見上

阿興字宗瑜

期勝字沛瑜 號渭川 配岑氏 庶吳氏

大安殤

阿滔殤

能安殤

細漳字錦泉

泗漳殤

三漳字湛光 配盧氏

柟艮

維江字澤光 配明氏

炳福

祐福

林福

帝科見上

七興 字作瑜

阿華 字國瑜

引玉 字汲瑜 號崑山 配劉氏 庶黃氏

玉田 以號行 原名雲勝 字亮瑜 壽官 配李氏

恒勝 字信瑜 配張氏 繼立元安

添福 殤

有盛 字德光 配黃氏

連盛 殤

永安 字植寧 號逸江 聘陳氏 配郭氏 庶任氏

元安 字晉寧 配彭氏 繼立敬祖

紹平 字建常 配張氏

熾平

繼祖

承祖

敬祖

碧峯 以號行 原名才勝 字寶瑜 壽官 配黃氏 繼關氏

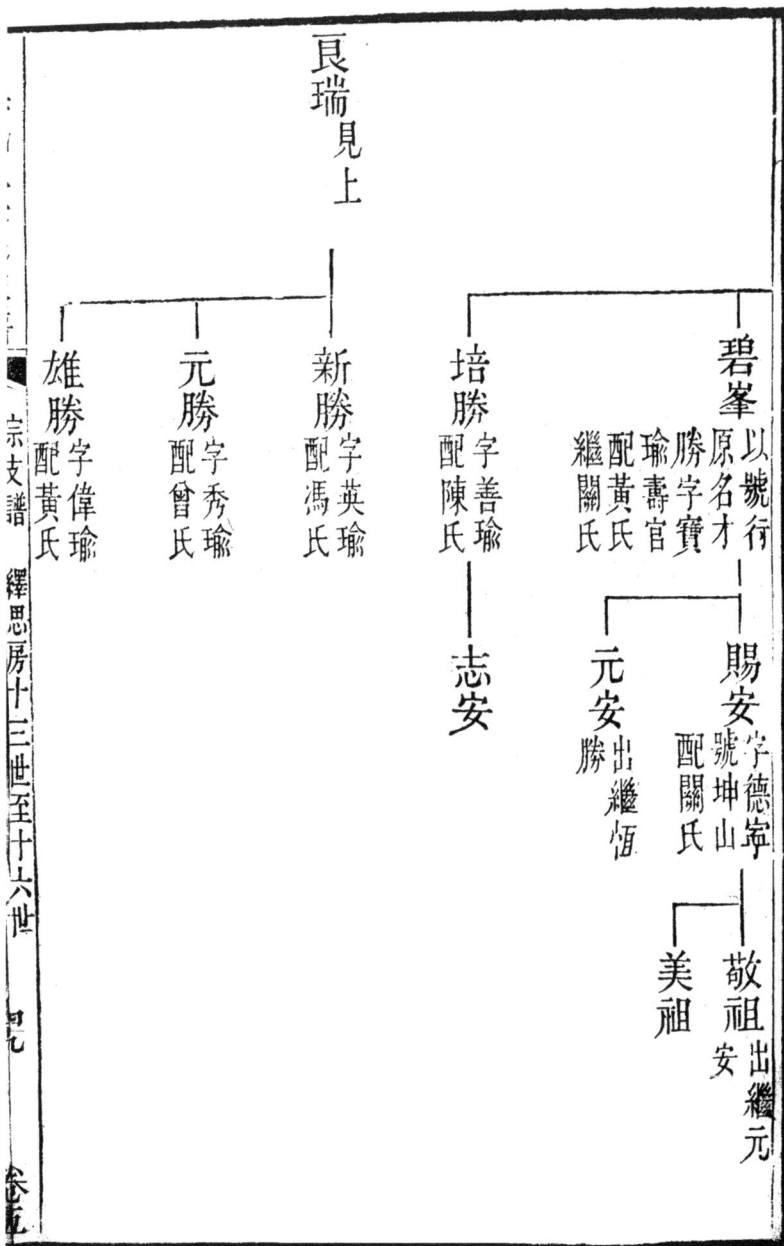

賜安 字德寧 號坤山 配關氏

敬祖 出繼元安

美祖

元安 出繼恆勝

培勝 字善瑜 配陳氏

志安

艮瑞 見上

新勝 字英瑜 配馮氏

元勝 字秀瑜 配曾氏

雄勝 字偉瑜 配黃氏

南海九江朱氏家譜

- 帝瑞 見上
  - 遇勝 字結瑜 號凱旋 配陳氏
    - 阿茂 字遠業
    - 貢漳 字顯光 配陳氏
      - 和平
  - 細貢 字錫光 配潘氏
  - 富勝 字貴瑜 配關氏
    - 貢德 字榮光 配關氏
      - 景福
    - 貢成
    - 八德
  - 怡勝 字朝階 配李氏

祿文 見上

已元 字智瑜 配口氏 立岐安繼

岐安 字仁芳 配陳氏

德勝 字輝瑜 配馮氏

岐安 出繼己元

政安 殤

宗安

光勝 殤

昌成 殤

全勝 出繼麟瑞

芝瑞 見上

阿奴 字福瑜

東成 字贊瑜 配馮氏

阿七 字冠瑜

阿八 字達瑜

麟瑞 見上 立全勝繼

全勝 字泰瑜 配張氏

覲蔭 見上

天福 字眷西 配伍氏 旌節

天祿 字乾養 配關氏

夔蔭 見上

天柱 字明西 配陳氏

雲柱 字漢清 號碧落

義德 字禮堂 配曾氏

昌發 殤

配關氏

勝德

柏德

萬德

滿蔭見上

時魁殤

福蔭見上

錦魁

東成見上

祥富字楚良
配陳氏

世成見上

德富字品良
配曾氏

添福

勝發見上

萬有字宏豐
號寶常
配關氏
繼胡氏

文貴字鴻業
配黎氏

成貴

遠發見上

連開字相儒

至高字振儒號勝德配李氏

效諸殤

植洪殤

至剛外出河南

林發見上立彬培繼

彬培字維熙配關氏

煜發見上

彬培出繼林發

湘培字澤熙配陳氏

奇裔見上

保培殤

泗成見上

屏翰字維憲配曾氏
新貴外出安南

祥翰字瑞良配關氏
科貴殤
佐貴殤
松貴

周翰字榮良號有源配關氏
溢貴殤
洪貴殤
椿貴殤
壬貴殤

興翰字業良號品方配關氏
紫貴字卓輝配關氏

上發見上

超羣出繼望禎

超能字俊英號義傳配曾氏

寧貴字炳輝配關氏

澍培

汝昆字秉惇

汝韜字允惇號冬來配黎氏

汝佳字傑惇配關氏

堯光

植光殤

卓光

樂光

汝軒殤

汝桐字偉惇配吳氏

上貴見上

超仁字富英配關氏外出南寧立汝朋繼

汝朋字建惇配周氏

根長

槐長

超敬字禮英配周氏立汝森繼

汝森字幹惇配馮氏

超智字茂英配劉氏

汝朋出繼超仁

汝森出繼超敬

汝輝

超盛外出

汝楊

上聯見上立超慶繼

超熊外出

超慶出繼上聯

超慶字懿英配關氏

汝瓊殤

汝亨殤

上寀見上

超栓字祺英號春圃配關氏

汝謙殤

超凡殤

上蓮見上

錦元字叶年號鳳山配陳氏繼李氏

芝緯殤

芝滿字泰亨配關氏

敏康

芝羽殤

芝健

錦芳 出繼上珍

錦昌 出繼上隆

上珍 見上立錦芳繼

錦芳 字景年號杏圃 配關氏 庶梁氏

章綬 字相賢 配岑氏

上隆 見上立錦昌繼

錦昌 字曜年號如菊 配潘氏 庶關氏

阿庚 殤

望德 見上

光啟 字開明 配區氏

望禎見上立超羣繼

超羣字拔英 號敏亮 配曾氏 繼關氏 李氏

汝南字信堂 配李氏 繼陳氏

照全

貴元見上

□□字君贊 配關氏

□□字調贊 配關氏

日明字蔭昌 配程氏

錦明字裕昌 配何氏

庚奴

斯奴

貴才見上

乾相字廷柱 號理齋 配岑氏

禮明字敬昌 號濟日 配曾氏

戴奴字佐堯 配陳氏

管奴

志明 字惠昌

熙明 字祐昌 配錢氏

文烜 見上

振塤 字和啟 號奕時 配關氏

振基 字承啟 配黃氏

振堂

文燦 見上

叶塤 字唱怡 號敏江 配關氏 庶鄭氏

永錫 字配蒼 號平謙 配周氏

貢章

安錫 字顯蒼 配吳氏 繼關氏

禧祥

廸祥

禎祥

叶昆 字廣怡 號成江 配張氏

叶堯 字浩怡 號樂波 配張氏 繼陳氏 關氏

望舉 見上

正昇 字廣文 號愛軒 配馮氏 繼關氏 周氏

官錫 字顯容 配吳氏

如錫 字聯芳 配黎氏

炳貴 字達求 配□氏 立熾垣 繼

煥多 字秩求 配黃氏

緝豪

熾垣

熾垣 出繼炳貴

錫長

望連 見上

正松 字茂亭 配程氏 繼立仕昌

正柏 字植亭 號憶凱 配曾氏

仕昌 字永林 配梁氏

仕昌 出繼正松

仕意 字英林 配關氏

仕官 字貴林 配關氏

仕朝 字德林 配關氏

仕國

欣長

繼長 見上

□□ 字殿廷 配李氏

登祖 字振聲 配劉氏

章海 字惠中

章祥 字瑞漢 配陳氏

登岸 字朝聲 配關氏

熾榮

阿苗 見上

阿苟 字維邦 配關氏

榮中 見上

阿娣 字政邦 配勞氏

宣承 見上

□□ 字協堂 配□氏

士承 見上

勝啟 字燦章 配關氏

長多 字兆蕃 配曾氏

進承見上
振承見上
上鴻見上

荀錫字明章
配黄氏

天錫字麗章
配古氏

逢錫字恆章

遠錫字綸章

尹錫字才啟

興長殤

洪長字挺滋
配黄氏

連多字兆昌
配關氏

汝多

進多

聯芳字潤堂

榮長 字獻滋 號直懷 配劉氏

明林 字耀堂 配岑氏

勝林 字英堂 號益孫 配鄭氏

傳林 字聚堂 配陳氏 繼關氏

茂林 字奕堂 配劉氏 繼麥氏

東儒 字華福 配黃氏 繼關氏

志儒 字朝福 號仰泉 配關氏 繼李氏 庶丁氏

江儒 字朝傑 配謝氏 繼何氏

六珍

任儒 字暢隆 配曾氏

喜儒

帝長 字舜滋 配李氏

富林 字業堂 配關氏 庶麥氏

昇儒 字昌隆 配陳氏

高儒 殤

錦儒 出繼文林改名宜弟

新儒 字維福 配黄氏

藝儒 字長福 配勞氏 庶李氏

世儒 字鴻福 配關氏

元林 殤

潤儒 字益福 配關氏

上貴 見上 — □長 字恒滋 配關氏 — 盛林 字樂安

上志 見上 — 福長 字惠滋 號博仁 配曾氏 — 廣林 字輝堂 號曜圃 配關氏 繼關氏 明氏 庶關氏

伯偉 見上 — 潤貴 字德滋 配關氏

賢進 見上 — 林長 字茂元 號衍斯 配關氏 — 貴洪 殤

兆洪 字佐虞 號愿莽 — 之綸 殤

德進 見上

成發 字鎮元 號奮之 從九品 贈知縣 配張氏 繼關氏 皆贈孺人

配關氏

桂洪 字俊虔 號謹蓉 配岑氏

士琦 原名坤錫 字贊虔 號曉亭 舉人 貤贈知縣 配黃氏 貤贈孺人 庶關氏 張氏 梁氏

炳琦 原名錦錫 字葆

之維 字廣貽 配關氏

之純 殤

長蔭 殤

衢尊 原名之縄 字直貽 又字木君 號敬彝 配李氏

之經 字典貽 號正甫

虔號隱石監生貤封知縣配梁氏貤封孺人庶李氏

次琦 原名海錫字效虔又字子襄號稚圭進士知縣配黃氏庶霍氏

宗琦 原名楡錫字相

配關氏繼劉氏

之綱

懋森 原名之紀字翼貽監生配黃氏

之綏

之繇 字章貽號釆臣

配李氏

虔 號宜城 增貢 配關氏 繼陳氏

之縈 字徽貽 配潘氏

慶郎

之綽

阿二 見上

新閏 字茂滋 配關氏

文林 字國英 號耀廷 壽官 配岑氏 庶潘氏 立宜弟繼

宜弟 原名錦儒 字伯良 配陳氏 庶陳氏

華閏 字昌南 配岑氏

紹仁 殤

壬閏 殤

- 聽長 見上
  - 科閏
- 壽孫 見上
  - 宗繼 字宏基 配□氏
    - 耀正 字榮著 配余氏
      - 垣寶
  - 宗培 字盛堯 配譚氏
    - 仕正
    - 細仕
    - 枝正 外出
    - 求正
  - 宗聖 字仰南 號逑庵 配何氏
    - 松正 字聚英 聘劉氏 配梁氏
      - 漢寶 字致良 配關氏
      - 漢昭 殤
- 壽明 見上
  - 大翅 字冠南 號樂攸
    - 景純 字朝英 配關氏

配關氏

庶關氏

壽成見上

紀新字植南配關氏立餘慶繼

餘慶字瑞徵配關氏立繼仁繼

繼仁

業新字敬南號善畧配關氏

餘慶出繼紀新

餘昌字秀徵配關氏繼黎氏關氏

繼仁出繼餘慶

偉仁

餘祥

維新外出四川榮昌

壽連見上

旺口

壽光 見上

鸞翔 字佐鴻 號輔軒 配周氏

龍翔 字璧鴻 號雲化 配蘇氏

常茂 字廣明

安茂 字泰林 配郭氏

賢茂

端茂 字正林

潤茂

聚茂 字德敷 配關氏

裕高 字卓儒 配李氏

裕飛 字澤芳 配關氏

藝仁

悅仁 殤

傑仁

沛仁

協仁

才茂殤

富茂

壽富見上

盈科字秀聯 配關氏

盈舜殤

盈彪

壽榮見上

平字寀萬 配黃氏

志雄見上

嵩字至錦 配李氏

源字善長 配陳氏

福

連
字善才
配陳氏

喜
有
丁
信

連帶
字善可
配梅氏

社

連成
字善煦
配趙氏

連綴
字善明
配何氏

帝恩見上

明
字智臨
配□氏

秋
字光泰
配□氏

阿執
殤

有貞見上

昌貴字紹開
配陳氏

冬

細執殤

居安字佁平
配李氏
立式禹繼

詒穀殤

式禹字拜昌
配關氏
庶關氏

新安殤

世貞見上

祥麐又名德
貴字懿
脩號在
椒配關
氏庶李
氏關氏

借安字憑泰
配張氏
旌節立
式穀繼

式穀字善昌
配岑氏

還安字懷平
配曾氏

式穀出繼借
安

式禹出繼居
安

成德見上

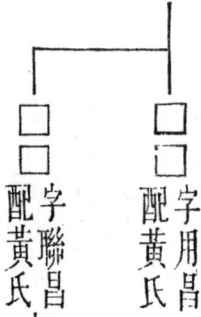

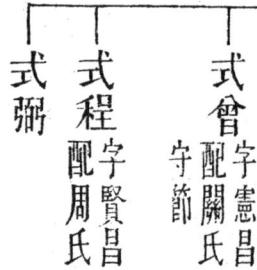

□□字用昌配黄氏

□□字聯昌配黄氏

千富

千祥

聰安字盛泰

久安字以平配嚴氏繼陳氏

式曾字憲昌配關氏守節

式程字賢昌配周氏

式弼

成聯 見上

華寶 字耀恩 號雲上 配關氏

興寶 字盛恩 配黃氏 繼立光璧

千能

時璧 字輯顯 配黃氏 繼潘氏

東璧 字成顯

光璧 出繼興寶

光璧 又名才 字庸顯 配潘氏

禮儀 字智榮 配黃氏

成芳 見上

新有 字遇恩 配關氏

有寶 字祈恩 配郭氏

球璧 字華顯 配曾氏

叶儀 字達榮 配劉氏

浩儀

- 連有 字秩恩 配陳氏 立維壁繼
  - 維壁 字輝顯 配關氏
    - 令儀
    - 敬儀
    - 尚儀
- 信有 字廣恩 配關氏 繼潘氏 易氏
  - 明壁 字德顯 配關氏
  - 維壁 出繼連有
  - 松壁
- 帝林 見上
  - 應聯 字配鴻 號慎齋 配李氏 繼余氏
    - 大章 字佐朝 號傅巖 配曾氏
      - 揚榮 字宜昌 配關氏
    - 大端 字成業 聘陳氏

帝裔見上

聖聯 字時青 配楊氏

應相

二相 字翅鴻 號翼峯 配陳氏

旌節

大來 字位朝 配關氏

大昆 字明爵

蜑 字長發

大本 字佐賢 配易氏

大業 出繼惠聯

大靈

惠聯 字澤鴻 配岑氏 守節立大業繼
- 大業 字永禧 配潘氏

帝祥 見上
- 振聯 字信鴻 配關氏
- 芳聯

帝綸 見上
- 奀二 外出
- 奀三 字貫業 配黃氏 立有慶繼
  - 有慶 字聚禧 配關氏

帝連 見上
- 新帶 字叶程
- 社帶 字燕鴻 號遠峯 配鄭氏
  - 吉慶 字兆禧 號喜巖 配關氏
    - 聖長
    - 賢長

遵行見上

連德字應鑫 配曰氏

敏行見上

培德

潤貫

兆行見上

恩德

細德

燦元見上

大保字敬脩 配曾氏

宗茂字鴻業 配關氏 繼岑氏 鄧氏

長來字廷贊 配謝氏

發來字熾昌 配張氏

有慶出繼亞三

仁長殤

閏來 字而呂

信來

意來

細保 字榮脩

湛然 見上

榮崇 字□脩 配李氏

敦茂 字祥業 配關氏 繼黎氏 夏氏

秀麒

燦耀 見上

阿成 字進脩 配關氏

燕臣 見上

次林 字朋脩 配□氏

文遂 見上

瓊兆 字□□ 配秦氏

閏和 字柏高 配蘇氏

世和

祖可 字國賢 號永山 配羅氏

福安 字榮光 配何氏 繼游氏

福才 字同光 配羅氏 繼李氏

福存 字堯光 配李氏

福慶 字程光 配霍氏

福有 字瑤光 配羅氏

瓊大 字□□ 配羅氏

- 瓊林 字□□ 配尤氏

- 文富 見上
  - 天□ 字達球 配岑氏
    - 恆兆 字業常 配曾氏
  - 天□ 字錫球 配關氏
  - 天福 字顯球 號純軒 配黃氏
    - 翕兆 字業揚 號樂廷 配張氏
    - 許兆 字奕揚 號近廷 配何氏
      - 存祖 字盛文 號際明 配關氏

士發 見上

天成 字華東 配黄氏

連貴 字振寶 配關氏

關胡

松貴 字朋寶 配關氏 繼關氏 陸氏

士科 見上

帶長 字榮宗 配關氏

啟煥

光煥

球 見上

有正 殤

燦 見上

天進 字高秀 配趙氏

富完 字國安

天爵 字沃秀 號瑞川

仕倫 殤

配曾氏

- 仕保 字廣豪 配關氏
  - 念隆 字建祥 配李氏
- 仕景 字英豪 配鄭氏
  - 日隆 字進祥 配關氏
  - 燦隆 殤
  - 永隆 字遠祥 配關氏
  - 經隆 殤

- 天喜 字超秀 配黃氏
- 天祿 字澤秀 配陸氏

璵 見上

幹中 見上

上英 見上

天有 字明秀 配馬氏

天元 殤

初成

應長 字時望 號仁卿 配馮氏

應韜 字揚望 配關氏

仕聖 字冠賢 號普山 配曾氏

仕乾 字澤邦

仕魁 字經賢 配關氏

金榮 字麗文 配曾氏

金潤

金昌 字浩文 號活泉 配關氏

世魁 殤

應蛟 殤

上清 見上

應舉 字朝望 號德亭 配關氏

仕祺 字茂書 配鄧氏

仕官 字華書 號文齋 配關氏 繼李氏

存敬 字協中

存禮 字盛麟 配關氏

存貴 字煥麟 配關氏

存誠 字聯忠

存輝 字瑞麟 號石堂 配劉氏 庶張氏

仕柏 字景才 聘關氏 配明氏

仕海 字華江 配關氏

仕福 字華漢 配關氏

存純 字錦麟 配關氏

存明 字昭麟 配曾氏

存信 字宗廣

存謙 字蔭廣

存凌 字彩麟 配□氏 外出安南東京

存兆

存傑 殤

存佳 字玉麟 配關氏

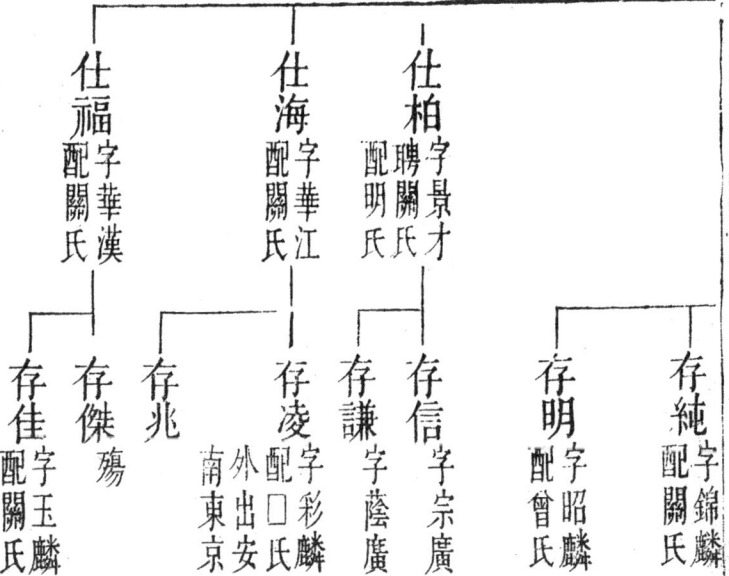

上成見上

應春 出繼多成

應周 字濟興 配關氏

二周 字博興 配周氏 立協暢繼

協廷 字瓊耀 配關氏

協暢 出繼二周

協文 字光耀 配張氏 立熙容繼

協暢 字松耀 配曾氏

端容 字正顯 配張氏

熙容 出繼協文

安容 殤

熙容

彬容 字宏顯 配黄氏 守節

寬容 殤

多成見上立應春繼

連弟外出

應春字雲望號彤章配關氏繼陳氏

仕秉字遠西聘陳氏立存恩繼

仕勤字華業配陳氏

康容殤

存恩字啟麟配曾氏

存恩出繼仕秉

存深字志麟配關氏

存洪字經麟配關氏

存發殤

金輅見上

應崙殤

南海九江朱氏家譜　宗支譜　繹思房十三世至十六世　巻二　巻二十九

應祉 殤

應彰 字瑞祥 號寶溪 配關氏

天琳 字燦玉 號韞山 配岑氏

維周 以號行 原名翅 榮字翰 文監生 配關氏 庶蘇氏

振榮 字進發

芳義 見上

興保 字顯祐 號直泉 配岑氏 繼黃氏 關氏 庶呂氏

阿三 字慕榮

汝貫 字進榮 號錫軒 配關氏 繼黃氏 岑氏 庶關氏

飈衍 殤

帝長 字紹華 號慎亭 配陳氏

芳年 見上

興滿 字顯深 號直卿 配李氏

興玉 字宏興 號允水 配關氏

添貴 字耀榮 號懷軒 配曾氏 繼易氏 庶傅氏 黃氏

坤貴 字相榮 號松軒 配關氏

源貴 殤

泉貴 殤

蕃亭 字錫鳴 號榮恩 配張氏 繼何氏

純長 字翕華 號傑亭 配關氏

元長 殤

濤長 字湛華

成長 字協華 號勉亭 配李氏 繼黃氏

喜旺 字錦華 配梁氏

興傑 字宏秀 號蘭軒 配關氏

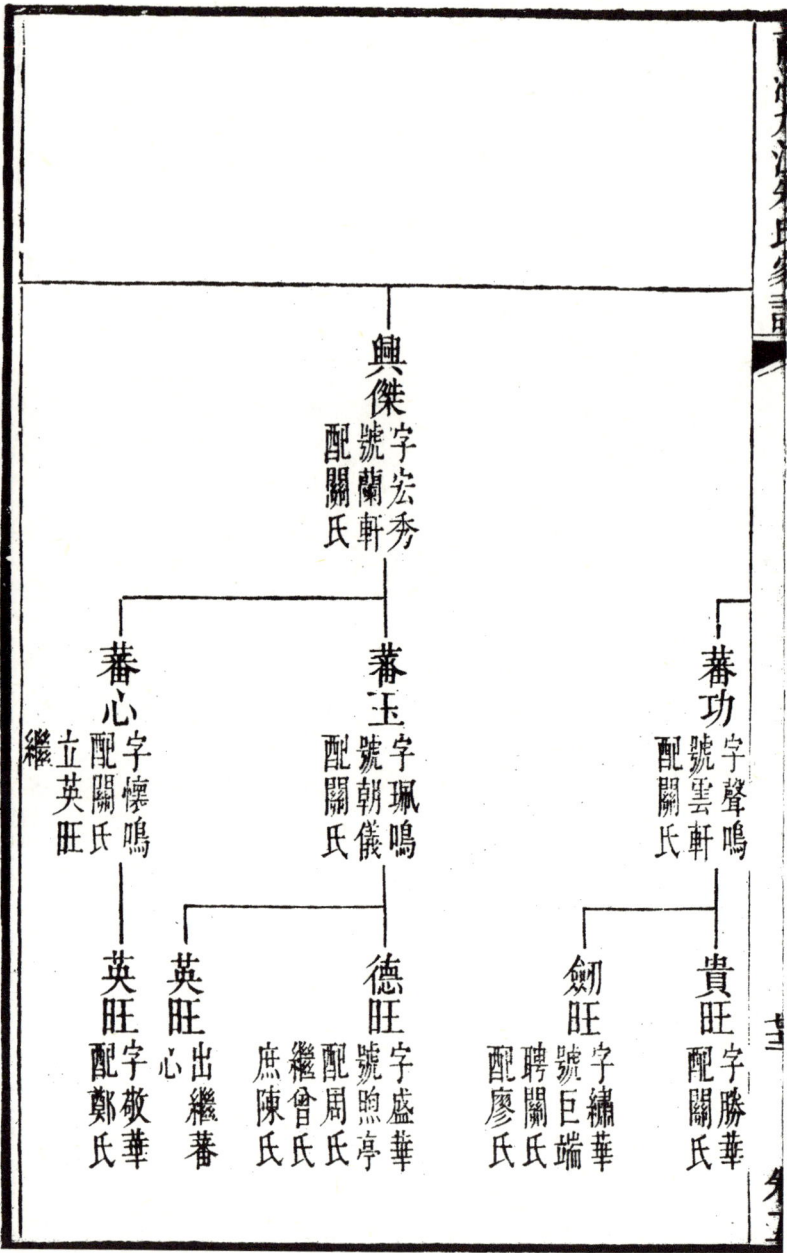

蕃功 字聲鳴 號雲軒 配關氏

蕃玉 字珮鳴 號朝儀 配關氏

蕃心 字懷鳴 配關氏 立英旺繼

貴旺 字勝華 配關氏

劒旺 字繡華 號巨端 聘關氏 配廖氏

德旺 字盛華 號煦亭 配周氏 繼曾氏 庶陳氏

英旺 出繼蕃心

英旺 字敬華 配鄭氏

芳貴 見上
　起朋
芳□ 見上
　興俊 字宏照 配譚氏 繼黎氏
　興福 字蒼錫 配孔氏
　　蕃科 字尚登 號永高 配關氏 繼周氏
　　　建業 字廷基
　　　壯業 字盛基
　　　佐業 字鍾秀 配馮氏
　　蕃舉 字聯登
　　蕃璧 字賢登 配關氏
　　　宏業
芳芝 見上
　榮祿
芳蘭 見上
　裕陽 字□□ 配曾氏

芳□見上

興朝字賡揚 配關氏 庶黃氏

守諒字連禧 配吳氏

嘉猷

守謀殤

芳□見上

興德殤

興豪字寧傑 配吳氏

阿苟字連漢 配關氏

五仔字燦華 配黃氏

七仔外出

阿七殤

保安見上

德興殤

福興字叶倫 號敘亭 壽官聘 黃氏配

芳顯殤

桂來字爲章 配岑氏

榮長

關氏庶
農氏

錦來 字煥章
配梁氏

天錫 見上
- 新貴 字應祺
  配□氏

廷錫 見上
- 松貴

賢錫 見上
- 乾貴
- 乾新

國珍 見上
- 喜富 字能海
  配陳氏
  繼關氏
  - 新慶 字泰業
    號虞階
    配黃氏
    繼區氏
    - 全德 字惠賢
      配曾氏
    - 全順 字敬賢
      配關氏
    - 權德 字禮賢
      配陳氏

萬富 字雲海 號碧江 配關氏

餘慶 外出

大章 見上

洪富 字裕成

善富 字信成 配馮氏

泰基 見上

舉珠 字結揚

務新 見上

思誠 又名阿珠 字純天 配陳氏

友志 殤

友弟 殤

賢貴 又名細珠 字祥天 號秀山 配黃

松志 字容彬 號璞石 壽官 配陳氏

士駒 殤

漢滔 殤

氏

觀佑 字德光 配黄氏

觀保 字衍光 配關氏

汝宏 見上

阿潤 殤

正移

務得 見上

阿科 殤

德成 又名二仔

逢貴 字位天 號秀軒

務章 見上

桂芳 字楦天 號敏軒 配劉氏

茂林 字喬彬 號友石 配關氏

焯耀 字麗南 號綺雲 配關氏 庶關氏

昌林 字彦彬 號泉石 配關氏

松芳 字偉天 號樂軒 配關氏 繼程氏 梁氏 立堯年繼

堯年 字國彬 號拜石 配鄭氏 繼曾氏

樹培 字藝南 配陳氏 繼關氏

樹恩 出繼貢年

樹德 殤

樹魁 殤

槐芳 字擎天 號如軒 壽官 配張氏 繼陳氏 潘氏

貢年 字璘彬 號潄石 配陳氏 立樹恩繼

秋魁 殤

樹恩 字錫南 配何氏

堯年 出繼松芳

務賢見上

華芳字應天 號謙山 配關氏

日年字齡彬 配黃氏

舜年

桐芳字錦天 號惠夫 配黃氏

萬年字永光

秀林

祖年字易彬 號文石 監生聘關氏配岑氏庶陳氏

士彪字輝南

士交字際南 號接雲 配陳氏

士鼇字飛南

士報字粤柟 號躍雲 配關氏

士舫字游南

務林 見上

榮芳 字蔭天 號棠軒 配黃氏

富芳 又名世芳 字聚天 號季軒 配黃氏

德寶 字會天 號勵峯 配劉氏

錫年 殤

元年 字岐彬 號漁石 配關氏

潮生 字藹彬 號碧石 配梅氏 繼關氏

景森 字儀彬 配潘氏 繼關氏 祔食

聞科 殤

升安 殤

三多

友多

三才 見上
　阿旺
　　明寶
　　和寶 字碧天 配關氏
　　　意森 殤
　　新寶

榮高 見上
　永祥 外出始興

福高 見上
　康年 字維寶 號楚善 配黃氏
　　裕生
　　豪生 殤
　光年 字純寶 配曾氏
　　甲生 殤

歲孟 見上立麗和繼
　麗和 字誠著 配黃氏

睿 見上

接輝 字煥然 號維新 配陳氏 繼關氏

貴華 字昇揚 號義莊 配關氏

喜生 字冠能 號燕甫 配張氏

道生 字直能 號炳垣 配何氏

翮 見上

樹林 字榮天 號喬參 配曾氏

衡枝 字會芳 配關氏

樹基 字業天 配梁氏

登枝 字建芳 號仁軒 配關氏

樹鶴 字燦天 配張氏

棍枝 字喬芳 配曾氏

萬寬 字顯祥

萬新 字啟祥 號商甫 配張氏 庶麥氏

李氏

萬成　字廣祥

萬意　字勝祥　配岑氏

樹河　字耀天　號驥如　配黃氏

印點　字存大　配黃氏　旌節

遡　見上

社帶　字載恩　配易氏

可枝

公帶

青錢　見上

儒乾　字琎珍　號璞齋　庠生　配關氏　庶關氏　關氏　吳氏

茂森　字暢東　配關氏　庶□氏

進恩　字耀階　配關氏

進福

茂桐　字朝東　配關氏　立嗣信　繼

煒昭

嗣信

南昌見上

- 儒傑 字柱中 號純仁 配陳氏 庶黃氏
  - 茂松 字光海 配關氏
  - 茂柏
  - 茂桓 出繼儒棟
- 儒挺 字雲中 號龍川 配關氏 繼譚氏
  - 茂杞 字璧海 配關氏 繼麗氏
  - 茂梓
  - 茂樟 字柱顯 配關氏
    - 其程
- 儒棟 字憲中 號懷仁 配曾氏 立茂桓 繼
  - 茂桓 殤

青麟見上

- 儒輝 字華珍 號晴川 配關氏
  - 茂枝 字卓東 號蘭崖 配關氏
    - 成寶 字純澤 配陳氏
  - 茂桔 字卓顯 配黃氏 繼吳氏
    - 成信
    - 成弟 殤
    - 嗣信 出繼茂桐
- 儒振 字卓中 號壽川 配許氏
  - 茂年 字卓賢 配曾氏
    - 成長 殤
  - 茂生 字卓榮 配陳氏
    - 成禮

南英見上

- 儒能 字德隆 配關氏
  - 茂相 字贊業 配關氏
    - 盛球 字紹瓊 配譚氏
    - 盛琨

天培 見上
　謙上 字而光 號心一 配黃氏
　　兆科 字養元 號善甫 配胡氏 庶關氏
　　　倫生 字禮昭 配李氏
　　　用生 字懋昭 配梁氏

□□ 見上
　卿上 字彤光 配□氏
　　有科 字乔元

宗盛 見上
　則弟 又名三弟 字懷珍 配關氏
　　仕寬 出繼維君
　　仕雄

茂祥 字興業 配鄧氏
　盛本

盛璉
盛瑜 字協瓊 配關氏

萬貴見上

維君字璠珍更名維翰字藩珍配黃氏立仕寬繼

汝珠殤

仕寬字敬容配關氏

仕蔭

正好見上

友貴字挺相號胡山配關氏

發枝殤

文輝見上

細女字植華配曾氏

聯大殤

阿三字瓊秀配張氏

錫賢

汝開字儒業配曾氏

俊成殤

□□ 字遠華

東幹 見上

奕世 字耀華 號福如 配黃氏

松新 字應賢

三珠 殤

社保 字偉業 配梁氏 繼關氏 庶李氏

六珠 殤

禮業 字以行 原名貴

充成 殤

多成 字永祥 配黃氏

荷成 字皆祥 配黃氏

阿棣 殤

達泉 字龝祥 號海樓

保號履甫監生 配郭氏

配陳氏

祐泉 字愷祥 配黃氏

壽祺 見上

奕德 字挺華

廣業 字作基 配□氏

秩 字維綱 配關氏

壽敏 見上

大明 字振華 配曾氏

善 字均業 配陳氏

世章

阿三 字熙業 配黃氏

鑄信 字奕昭 配陳氏

鉅信

大鵬 字盈脩 配曾氏

帝科見上

敬熹 字仰文 號興長 配關氏 繼鄧氏

燊昌 字盛林 號隆春 配范氏 繼關氏

以昌 字茂林 號竹儕 配黃氏

卯昌 字裕林 號衣谷 配關氏 繼曾氏

社賢 字澤元 配關氏

次賢 字遜元 配曾氏 繼左氏

世賢 字錫元 配關氏 繼林氏

勤功 字錦元 配關氏 庶李氏

悅性

亨科 見上
- 鴻秀 字挺豪 配彭氏
  - 麟祥 殤

博 見上
- 應陽 字日華 號河泉 配關氏
  - 金德 字志高 配劉氏
  - 世德 出繼應元
- 應隆 殤
- 應元 字沃華 配黃氏 繼立世德
  - 世德 字賢高 配關氏
    - 長發 外出

年高 見上
- 應院 字正華 配關氏
  - 順德 字顯朝 配馮氏
    - 昭信

汝緝 見上
- 賢學 字永脩 號慎庵

配曾氏
祔食

和學 字允脩 號迪庵 配岑氏

榮脩 以字行 原名典 學號仁 則壽官 配梁氏 繼岑氏

鼎元 字奠朝 號輔之 配關氏

仕元 字弼朝 號佐之 配黄氏

晃信 字莞昭 號采卿 配黄氏

任信 字敏昭 配關氏

恆信 字常昭 配關氏

廣信 字宏昭 配關氏

傚信

傑信

劉氏庶
唐氏

董元字輝朝 號用之 配梁氏
壦信
琪信
彰信

頒元殤

習元字達朝 配馮氏
志信

汝省見上
志學字芸脩 配黎氏 繼關氏
展元字啟朝 號開之 配關氏
健元字挺朝 配關氏
會信

時學字維脩

文江見上
阿旺字貫然

文元見上

依伯字荊獻配李氏

奇珍

邦聚見上

依連字聯登配胡氏祔食

卓炎見上

閏秀字文漢號霞川配鄧氏

璧球字堀瑜配勞氏

彥元

偉元

兆球字輯瑜配關氏

宏球字泰瑜配張氏

仕亨字德祥

豔球字燦瑜配關氏

仕望殤

仕謙

仕雄

閏長 字呈漢

閏成 字英漢 號溶川 配張氏 繼黃氏

敬球 字能謙 配關氏

熠元

細敬 字廷謙

閏富 字平漢

宗南 見上

宗祐

邦保 見上

成珠 字廷獻 配關氏

日郁 字照謙

世珠

日章 見上

存仁 字佩元

存德 字敬彝 配陳氏 庶李氏 關氏

存尹 字秉彝 號物則 配關氏 庶關氏

浩芳 殤

叢芳 字緯邦 號經國 配張氏

連芳 字信邦 配郭氏

仲康 字孟端

仲寧 字仁端 號逸山 配張氏

仲文 字義端 號挺山 配陳氏

仲熹

仲韶

阿康 外出安南

善芳

存異

斐章見上

存禮　字經儀　號鳳羽　貤贈同知配關氏貤贈宜人

廷貴　原名庭桂　字兆榮　號慕韓　贈同知配張氏庶杜氏皆贈宜人

啟元　字卓然　號立山　貤贈同知配關氏貤封宜人庶阮氏

超元　殤

奎元　字興然　號星垣　貤封同知配賴氏貤封宜人庶梁氏關氏

耀元
字霱然號焜甫貤贈同知配關氏貤贈宜人繼洗氏貤封宜人

福元
字湛然號錫五例同知配黃氏庶關氏

顯元
字惠然號朗山例州同配關氏庶潘氏

庭槐 殤

庭柏 殤

庭茂 殤

存義 外出

存登 字相儀

存讓 字國儀

存科 字端儀 號雲卿 配關氏

平章 見上

存益 字恒謙 配關氏

業才 見上

存恒 字壯謀

本章見上

存護字佐堯配關氏

文志字暢榮配岑氏

文盛殤

□章見上

存教字耀林

存梓殤

傑章見上

存學字純周配關氏

長帶字信榮

祖帶

存恕字意周配關氏

寧章見上

恩科字秩周配黄氏

權章　見上

汝彬　字廣培　配黄氏

汝森　字茂培　配黎氏

容成　殤

綸　見上

汝養　字盛培

汝枏　字浩培　號慎吾　配關氏　繼楊氏

占揚　殤

紹鎏

汝椅　字浩英　號東洲　聘梁氏　配馮氏

球光

佐光

可光

賢章見上

汝林殤

韶章見上

汝秉字遠培 配關氏

濬光字顯邦 配黃氏

登元

洪光殤

緝瑞見上

三娣字鴻志 號雲軒 配梁氏

朝禮字殿倫 配關氏

廷禮又名細朝字冠倫 配周氏

聘琦

卓琦

三朝殤

四娣字行志 配關氏

祖瑞見上

六娣字能志號福泉配□氏

大進字凌志配□氏

明禮

安禮

興瑞見上

阿成殤

帝瑞見上

二朋字健揚號友軒配陳氏

維熊

澤熊

四朋字配揚號對軒

文貴見上

麗陽字明著號鑑湖配黄氏

蕃芝字呈芳配曾氏

富賢見上

麗和 出繼歲孟

凌高 字昭垣 配關氏

騰高 字奕垣 配關氏 繼劉氏

接倫 殤

錦倫 字光典 配黃氏 庶陳氏

經倫 字光雄 配馮氏

懷興 字聯芳 號盛園 配陳氏

昌興 字瓊芳 號寶園 配關氏

汝滔 字德邦 配陳氏

永年

永譽

賢高 字信垣 配潘氏

仰高

達倫 字光彥 配黎氏

顯倫 字光朝 號照崖 配關氏

祥倫 殤

同倫 字光泰 號曙崖 配黃氏 繼周氏

閏興 殤

滿興 字沛芳 配關氏

茂興

才興 字俊芳 配陳氏

潤賢見上

庚祿 字景垣 號星祥

炳倫 字顯常 號朗川

從聖 字紹昌 配岑氏

配黃氏

瑞倫 殤

配李氏

繼彭氏

從善 字煥昌 配岑氏

從賢 字佐昌 配陳氏

從禮 字琪昌 配曾氏

孟賢 見上

衣 字偉垣 號星明 庠生 配曾氏

啟倫 字品常 配岑氏

士標 字會求 配關氏

明高 字升垣 配關氏

世高 字殿垣 配黃氏

吉士 見上

大保 字能垣 配李氏

應倫 出繼天壽

會倫 出繼敦化

煥倫

妙倫

敦化 字□□ 配□氏 繼立會倫

會倫

日永 見上

天養 字燦垣 配曾氏

慶倫 字斌賢 配黎氏 繼盧氏

仕信 字澤芳 配關氏

仕謙

桂養 字保垣 配程氏

卓養 字應垣 配陳氏

汝珍 見上

天壽 字遠蔭 號吉祥 配關氏 立應倫繼

應倫 字序賢 配陳氏

藉榮

獻寀 見上

沛賢 字惠林 配關氏

扶祖

念祖

連寀 見上

遇賢 字廷照 配潘氏

友賢 字序林 配張氏 繼彭氏

光祖 字昭良

傑祖 字信良 配梁氏

北麒

亮麒

靄麒

進麒

持祖 字澤良 配張氏

宙寧 見上

榮保 字蒼林 號松山 配岑氏

繼祖 字永業 號兆谷 配譚氏

錫麒 字錦然 配蘇氏

堯保 字舜林

湘保 字漢林 號柏山

佳祖 字宗業 號緒泉

周其 殤

配曾氏
繼關氏

配關氏
庶關氏

炳其

勇其

義祖 字壽業

三祖 字祥業

維祖 字幹業 配關氏

允其

領其

齡祖 字開業 配黃氏

祐寧 見上

國保 字結林 號多園 配曾氏

駒文 字駿良 配關氏

富文 字贊良 配張氏

蔭其

官保 字廣林 號寄山 配關氏

華文 字郁良 配劉氏 庶關氏

福文 字煒良 配關氏

泰文 字敬良 配關氏 繼關氏

杏文 字兆章

發其 殤

景其

鑑其

奕其

坤其 殤

祝生

建生

帶保 殤

桯寧 見上

子貴

思寧 見上

正春 字成林 配劉氏

鎰祖

潤聰 見上立斌祥繼

興富 字成業 聘曾氏 配關氏 繼黎氏

斌祥 字冠時 號遜庵 配吳氏 繼黃氏 庶潘氏

汝霖

喜霖

冀霖

鳴君 見上

夢雄 殤

兆君 見上

錟祥 字錦時 號絅莽 配曾氏

根成 殤

自强

斌祥 出繼潤聰

樟槐 字幹時 號樸亭 配關氏

熾安 字杰熙 配黃氏

嶽生

權安 殤

永安 殤

祐安

漢君 見上

開科 字焯時 號炳庵 配周氏 庶關氏

朝君 見上

錫滔 又名四妹 字湛時 號瀚圃 配陳氏

錫光 字昭時 又字次棠 號介如 配關氏

錫鍾 出繼元君

作楫 殤

作梁 字文熙 號暨臣 配陳氏

作燊 字禮熙 號鼎香 配梁氏

元君 見上 立錫鍾繼

錫詳 殤

錫鍾 字敬時 號在衡

作楷

配劉氏
庶鄧氏

作梧

帝聖見上

元輝字振光
號華聲
配關氏

聯輝字允光
配關氏
繼胡氏

茂梧字國岐
號秀山
配陳氏

茂棠字順岐

有山字益岐

湛成字建常
配梁氏

貴成字挺常
配關氏

滿成

□□見上

興仁見上

壬癸殤

文元見上

北進字鍾秀

成進字勵庠號英國配關氏繼梁氏

茂寧字邦岐配張氏

智鴻

舜鴻

官進字仕庠號式國配梁氏繼關氏黄氏

茂能字才顯聘張氏

世能字佩岐配關氏

聖鴻殤

兆貞見上

仲明字茂華配曾氏

豔枝字發榮配黄氏

容根字惠常配關氏

成枝字德榮配梁氏

德宏見上

□□字廣昭
配關氏
外出肇慶殤

□□字耀廷
配何氏
居肇慶

連勝

連貴

□门見上

阿友

世友字景元
配陳氏

德勝字瑞昌
配黃氏

阿祥字萬元
配温氏

倫勝

協勝

順勝

□□見上

□□字富元

阿珠字錦元
配劉氏

儉勝字洪業
配關氏

南海九江朱氏家譜

廣孫見上

貴科字士登配彭氏

德元

仕勝字榮業配麥氏

起郎見上

□□字京山配關氏

帝蔭字業廷配關氏

昭雄字仕南配關氏

勝雄

阿四字應乾配關氏繼曾氏

阿五字信乾配關氏

有富見上

泰成字喬宗配潘氏

升保

潤蕃見上

興燦 字儒宗 號光軒 配陳氏

興烇

興隆 字熾宗 配潘氏

五成 字顯宗 配李氏

賢保

七珍

廷珍

永信 字蔭廷 配關氏

永連 字拔廷 配關氏

永順

永福 字相廷 配關氏

純安

才高 見上

時興 字能宗 配關氏

永球

永楫 字成階 配黄氏

才廣 見上

成章 字貴元 配馮氏

德保

至保

榮章 字秩元 配關氏

萬保 字兆廷 配曾氏

璇芝

添保 字眷廷 配梁氏

才寶 見上

璋弟 字叶元 配陳氏

五弟 殤

焕芳 見上

阿保

炳芳 見上
- 阿萬
- 阿懷 字□□ 配周氏
  - 安業

涵滄 見上
- 相林 字經邦 號國才 配關氏
  - 福癸
- 進林 字殿邦 配李氏

澤滄 見上
- 振林
- 柱林

挺棠 見上
- 閏淮 字廷邦 配黎氏
  - 成癸

挺兼 見上
- 文炳 殤

南海九江朱氏家譜

茂華 見上

文鑑 殤

庚顯 殤

明顯

鏄顯

章顯 殤

德祥 字啟蕃 號碧池 配羅氏

永輝 字朝賓 配陳氏

進溶

英發 殤

永桐 殤

永杏 殤

裕祥 字世有 配黃氏

興貴 字星耀 配黃氏

阿水

卷四

外出廣西梧州

阿泉 居廣西梧州

阿義 殤

社保 殤

十六世　十七世　十八世

志連 見上立賜成繼

賜成

敬連 見上

賜成 出繼志連

見成 字福茂

旺成

喜元 見上

啟信 字允宗 配關氏

- 守節
  - 景信
- 逢高見上
  - 儀光
  - 惠光
  - 松光
- 逢秋見上
  - 璧光
- 逢源見上
  - 蠶家
  - 細蠶
- 逢恩見上
  - 益光
- 巢煜見上
  - 敬芳字謙光配周氏
    - 成舉

- 領科見上
  - 杏芳 字業賢 配關氏
- 占科見上
  - 拜芳 字昌賢 配關氏 庶蘇氏 陳氏
    - 兆元
    - 佳元
- 家驥見上
  - 作林
  - 作鑠
  - 作深
  - 作樑
- 權保見上
  - 仕斌 字昭華 配關氏
- 桐保見上
  - 仕寬 字楨華 配曾氏
    - 麟祥

壽保 見上
- 仕政 字秉華 配關氏
  - 智祥
- 仕禮

得靈 見上
- 拜廷 字堯相 號普臣 配關氏
  - 永福
- 伴廷 出繼得輝

得輝 見上 立伴廷繼
- 伴廷 字仁相 配關氏

官帶 見上
- 振明

東帶 見上
- 保安 殤

公壽 見上

公就 見上

公永 見上

叶安 字定邦 配關氏

六安 殤

旺泰 字瑞明 配關氏

朝泰 字昭明 配關氏

殿泰 出繼會帶

亨泰

祥泰 字兆禎 配關氏

騰高

發娣

培芳

如江

貢德

聚泰字德明　配何氏
　奴彪
　漢彪

會帶見上立　殿泰繼
　殿泰

柏年見上
　勤斯
　顯斯

熾年見上
　儉斯殤
　敏斯殤
　良斯
　玉斯

旺年見上
　懷斯殤

以亮見上
重發 字佳隆 配陳氏
靈發

以權見上立祐發繼
祐發 字澤培 配黃氏
添健

以長見上
祐發 出繼以權
深發 殤
彪發

壬科見上
元發 字敬培 配關氏
恆發 殤

新科見上
球發 殤

- 全發
- 潤發
- 廣發

勝科見上
- 祥發
- 才發
- 宏發殤

爲熊見上
- 湖文

爲鍔見上
- 湖鑑殤
- 湖林
- 湖生
- 湖田

爲寶見上 — 湖登

爲鵬見上 — 湖湘、湖恩

卓興見上 — 貽祖、根祖

齡恩見上 — 澤培殤、仲培殤

連新見上立歡喜繼 — 歡喜字瑞高配關氏 — 福添、如添

景新見上 — 蕃喜字惇高號敘典配關氏繼岑氏

歡喜 出繼連新
萬喜 字信高

定新 見上
奴喜 字諒高 配楊氏

財新 見上
慶喜
漢喜

顯新 見上
傳喜
全喜

良 見上
長榮 字泰高 配劉氏
康至
賜榮 殤

細賜 字能高 配關氏

維新 見上

炎明 字殿朝 號履平 配關氏

耀安

紹安

堯安

純安

華安

意明 字敬朝 號德輝 配潘氏

熙明 出繼志 □

蝶新 見上

照明 字耀佳 配關氏

柏明

相明

東來見上
啟能 字惠朝 配岑氏
政能 字信朝 配關氏
貫能
都能

祥盛見上
執璋 字允東 號權甫 配關氏
燦謙

燕盛見上
汝駒

志松見上
倫科 字蔭滔

森科 字蔭東 配關氏

祺科 字占滔

志廣 見上 立靈光繼

靈光

志浩 見上 立能光繼

能光 字曜東 配陳氏

志禶 見上

金銓 字貫東 號少陽 配黃氏

照賢

湛賢

佑賢

志才 見上

靈光 出繼志廣

能光 出繼志浩
遠光 字顯東

志□ 見上 立熙明繼
熙明 字灼東 配李氏
榮體 新體 會體

嘉儒 見上
朝吉 字億東 配范氏
棷吉
滄吉

球長 見上
燦麟
蔭麟
汝麟

初長見上立張霖繼 — 樹麟
張霖字澄熙配譚氏

發長見上
張霖出繼初長
張錫字載熙配關氏
張傑出繼全長

全長見上立張傑繼
張傑

輝始見上
全恩

光始見上
旺全

乾始見上

裕如字贊常 配關氏
澤興

海如字遠常

福如字彩常 配張氏
益興

祿如字惠常 配關氏
悦興

壽如字正常

萬始見上

帝恩

世恩

昌恩殇

- 次恩
- 經始見上
  - 貢恩殤
  - 世貢
- 庚始見上
  - 士恩
- 貴始見上
  - 元恩字靄常　配關氏
    - 杰祖
  - 遇恩字致常　配關氏
    - 恆祖
- 世章見上
  - 桂華
- 紫貴見上
  - 汝傑殤
  - 俊傑
  - 倫傑

華貴見上

漢傑

豪傑

盛傑殤

朝貴見上

澄傑

星傑

維傑殤

永貴見上

尙傑

宗傑

浩傑

行旺見上

萬高字泰常
配關氏

益舉

添舉

寧旺 見上

同高 殤

祥光 見上

兆鼇 字仕 號俸 配陳氏

家猷 殤

醇熙 字惠疇 配張氏

和熙

緝熙 出繼乘鼇

彤熙

曉鼇 字煥階 號堯文 配關氏

壽熙

乘鼇 字仁階 號德凱 配彭氏 立繼緝熙

緝熙

呂旺見上

- 信元殤
- 仕元殤
- 照鼇
- 正鼇殤
- 實鼇殤
- 如鼇

細旺見上

- 湖鼇
- 意鼇殤
- 湛鼇殤
- 根鼇
- 權鼇

貴旺 見上

應鼇 字卓階 配關氏

管生 殤

偉禧

鉅鼇 殤

凌鼇 字秀階 配關氏

喜鼇

登鼇

江鼇 殤

貴旺 見上

慶鼇

獻鼇

海鼇

允鼇

- 廣鼇 殤
- 樂鼇

- 聯茂 見上
  - 文盛 字炎明 配胡氏 繼黃氏 庶張氏
    - 連魁
    - 元魁
    - 科魁
    - 甲魁
- 英茂 見上
  - 業盛 字聚明 配曾氏
    - 錫魁 字殿光 配劉氏
    - 鑑魁
- 全茂 見上
  - 金盛
- 根茂 見上
  - 開第 字秩元 配關氏 繼陳氏
    - 森桂 出繼高第
    - 恩桂

松茂見上

燦第字英元配關氏

培桂

梅茂見上

高第字爲善配關氏立森桂繼

森桂字蔭遠配關氏

榕茂見上

新第

志第

潤福見上

允昭字耀邦配岑氏

允能字琦邦配關氏

鵬　見上
浩璇　字協階　配關氏
繹璇　字璋階　配陳氏

春魁　見上
六娣　字惠禧　配曾氏

富潤　見上
福保

顯鳳　見上
仕熊　字佐衡　配關氏
仕驥

得鳳　見上
仕福

泰安　見上
桂海　字文瀾
翰海　字學瀾

滿祥見上
繼能殤

祥福見上
朋高
富高
閏高

錫槐見上
海安
榆安

康槐見上
深安

斌祥見上
著安字炳和配曾氏
序安字衛和
逢安字以和

錫安 字耀和

敬祥 見上

熾光 殤

鑲安 字贊和

羣安 字衍和

易安 字經和

仲祥 見上

林安 字敏和

永安 字觀和

麟祥 見上

秋陽 字楷和

秋炎 字煥和

秋湛 字汝和

礽有 見上

實齡

元有見上
健齡
杰齡
志齡
偉齡
羽齡
薛齡

全安見上
華鏗

福安見上
鏌鏗
鋙鏗

能安見上
鉽鏗

成安見上
尹鏗

超揚見上
　楫鏗

福康見上
　子餘
　子柏
　子諒

朝康見上
　子萬
　子廉
　子邦

東儒見上
　凌漢字源海
　配曾氏
　庶鍾氏
　　貴長殤
　　連開
　　張恩
　雲漢殤

- 沖漢 字昆海 配鄭氏
- 才漢 字正海 配陳氏
- 志儒 見上
  - 章發 字駿顯 配曾氏
    - 時彥
- 江儒 見上
  - 昭漢 殤
- 任儒 見上
  - 庚成 字輝驥 配關氏
    - 悅心
  - 汝成
  - 春成
- 昇儒 見上
  - 章繼

章壽

新儒見上
- 權漢 殤

藝儒見上
- 光顯 殤
- 成祖

世儒見上
- 光宗 字秩揚 配關氏
- 光華

潤儒見上
- 光滿 字熾揚 配梁氏
- 光偉

之維見上
- 彥貝

懋森見上
- 彥周

宜弟見上
- 蔭宗

伿宗
堉宗
漢寶見上　益宗
裕飛見上　良書 殤
式程見上　卓培
禮儀見上　新長
叶儀見上　貴福
湛福
揚榮見上　之檢
之桓
福安見上　偉純

福才見上
偉仲
偉海

福存見上
偉垣
偉任
偉登

福慶見上立偉標繼
偉標

福有見上
偉標出繼福慶
偉聯

存祖見上
韶亨字舜階聘關氏配胡氏
憲彝

聯亭 字雲階 配梁氏

福亭

金榮 見上
- 如崑 字培中 配關氏

金昌 見上
- 源泰 字兆中 配馮氏
  - 悅林
  - 悅富
- 和泰 殤

存禮 見上
- 慶綿 殤
- 張亭 殤

存貴 見上
- 謙亭 字允中 配羅氏

存純 見上
- 榮光

榮錫

存凌見上
阿成
阿順阿成阿順並居安南東京

存佳見上
榮進
榮坤
榮悦

端容見上
艮遠殤
秩遠字成中配關氏
悦樵

存深見上
榮鑑

維周見上
如鋼字時中號雲澤
悦仁字愷廷配關氏

配關氏
庶馮氏

悅義

煜鋼 字德中 號盛光
配關氏

帝長 見上

配麒 以字行 原名安麟 號靈初 庠生
配關氏
庶馮氏

宜勤 字敏禧
配關氏

宜廉

宜良

純長 見上

安謙

成長 見上

安驤

安駒 殤

喜旺 見上

蔭祖 殤

貴旺見上

耀祖字達權配關氏

始茂殤

培茂

松茂殤

信茂外出

新祖

劒旺見上

問祖字振常配顏氏

祥祖殤

張奴

張齡

德旺見上

林祖字益韜

恒祖 字汝韶

張賜 字楨方 號輔之 配盧氏

堯鏗

仙賜 字顯韶

祈賜 字朋韶

來賜 出繼英旺

英旺 見上 立來賜繼

來賜 字槐方 配劉氏

佐業 見上

志培 字雲韶

志堅 字鋭方 號仁甫 配彭氏

璇鏗

應鏗

- 全德見上
  - 汝亮
  - 汝魁
- 焯耀見上
  - 根 殤
  - 樞 殤
  - 宜孫
  - 定孫
  - 宏孫
- 樹恩見上
  - 啟孫
  - 正孫 殤
- 士報見上
  - 文孫 殤
  - 俊孫

喜生見上

仰濂

仰渺

道生見上

仰雍

萬新見上

清揚 字濟求 配關氏 立占池繼

占池

明揚 字澤求 聘郭氏 配易氏

占池 出繼清揚

貴池

炳池

輝池

浩池

盛瑜見上

勝長

倫生見上 — 戊長殤、庚長

用生見上 — 繼長

多成見上 — 迺鍪、迺彬

荷成見上 — 迺培、迺澄

達泉見上 — 迺秋、迺慰、迺猷

祐泉見上 — 迺熊

社賢見上
　振成殤
　養成殤

勤功見上
　秋成
　德成殤
　枉成
　燦成

晃信見上
　乃模
　乃樸

任信見上
　乃栻

啟元見上
　揆吉
　謙吉

奎元見上
燿元見上
福元見上
懷興見上
從聖見上

觀吉
升吉
賁吉
渙吉
同吉
臨吉
泰吉
新長
明長
權宜殤
憲宜

德宜

叶宜

從善見上

均宜

學宜

從禮見上

相宜

士標見上

湛孫 字安廷 配關氏 繼關氏

體孫

百孫 殤

行孫 殤

同孫 殤

容根見上——羽翎
昭雄見上——有根
世絕無屬
思兼庠生林坡公曾孫據本墓碑及世紀　豸　宩　宙並白川公孫據本墓碑　必遲公所
公曾孫據本墓碑　儒松樂槃公孫據本墓碑及裕齋公墓碑　繼文庠生　儒楨並樂槃公孫
據本墓碑以上八世　守素東里公曾孫據本墓碑　泰來沙村公孫據公所公墓碑　光麒沙滘
公孫據公所公墓碑　天琳　天璧　天球　天瑋並龜臺公孫據順川公墓碑　應
科　瑛並捷泉公曾孫據本墓碑　雲衢　應龍　應元　應選並樂槃公曾孫據
本墓碑以上九世　如穗　如松　如柏　應聰並石潭公曾孫據本墓碑及妣馮氏墓碑
培浩武生莘犂公孫據本墓碑及世紀　培淵　培淮並莘犂公孫據本墓碑　炳　烒
熯並懷玉公孫據本墓碑　如璚荔屏公曾孫據公所公墓碑以上十世　有賢　昌儒

並龍池公曾孫據本墓碑　鈞石子凝舉孫翰賓　銀海配關氏子敬海孫翰客並龍池公曾孫據採訪

泓男　汝男　洪男並靜吾公曾孫據震岳清海公墓碑　廷魁　廷客並懷玉公曾孫據本墓碑

正治　正勉　廷實　廷務並雲漪公孫據本墓碑　應開字倬夫

錫多並蘭峯公元孫據採訪以上十一世　福連素月公孫據本墓碑　順長　成長

並玉台公來孫據採訪　顯英子昌錫　顯廷子齡錫配關氏孫煥然配李氏並翠涯公來孫據採訪

帝義　帝保　帝琛並南樂公孫據本墓碑　爲進字拔英　騰進並會溪公來孫據採訪

公發　公啟並雲漪公曾孫據本墓碑　士突　士忽　金璧　德鉉

永起　仲起　連起並雲庵公曾孫據本墓碑　振邦　文尚並裕齋公裔據採訪以上十二世

斐肴玉泉公裔據採訪　權望　名望　榮望　端望並逢亨公曾孫據本墓碑

容遷　輔周並蘆溪公裔據採訪　善中　阿德並九林公裔據採訪

朝貞　煥錫並可山公裔據採訪　剛士　貴賢並雲庵公元孫據本墓碑

閏科字拱璋　孔璋子阿兆阿業　榮富並裕齋公裔據採訪　明仕字昭廷子合興字顯
壽採訪　誠齋公裔據　以上十三世　昭倫玉泉公裔據採訪　國元前溪公裔據採訪　堯宗
配張氏　燐輝　遜宗配關氏子玉成　旦宗　能宗並蘆溪公裔據採訪　球芝
子阿維字振常　瑤芝配關氏子阿鍾字和英配關氏孫阿惠　瓊芝並翠涯公裔據採訪　奮發
華峯公裔據採訪　以上十四世　汝瑤　汝球　汝珮並前溪公裔據採訪　上夫蘆溪
公裔據採訪　阿科翠涯公裔據採訪　徽萬侶柏公裔據採訪　以上十五世　占魁前溪公裔
據採訪　閏興　閏富　閏林　閏福　廷獻　沛旺　錫旺　宜
先　天眷並西圃公裔據採訪　任宏號海山　貴孫　章錫並北源公裔據採訪
敬文　敬武並靜齋公裔據採訪　厚林　長光並蒲泉公裔據採訪　繹純
新有　霦貴　清揚　宗賢　帝明並公所公裔據採訪　樂華　來
遠　緒開　錫基　傳業　廣奇　興平　廷亮　震一並逸夫公裔

據採訪 華社 振高 廣高 榮登 禧拔 章帶 遇君 衙

中 啟能 昭蕃 洪滔配陳氏 裕麟 定麟 閏熹 拱北

廣朝並月塘公裔 據採訪 以上世次無考

居址圖

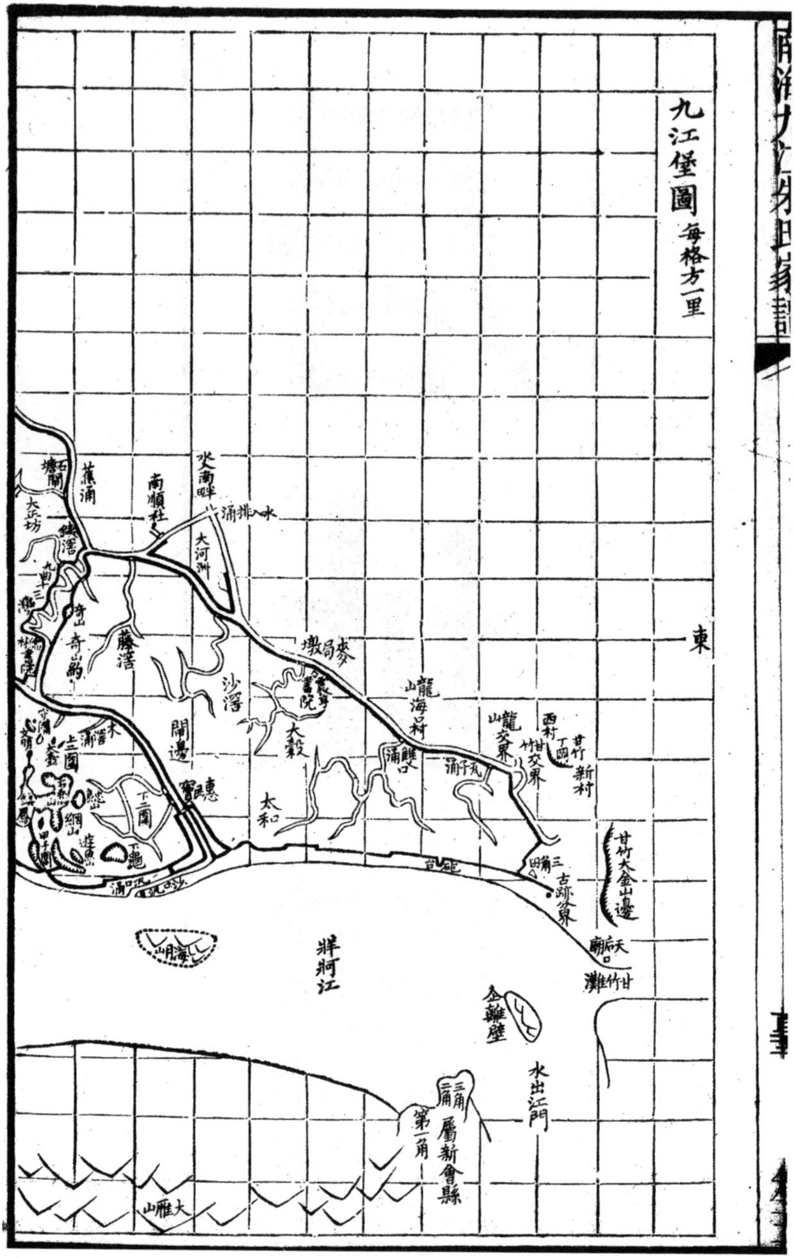
九江堡圖
每格方一里
東
蕉涌
南順社
大河洲
大岸坊
奇山
藤滘
沙滘
閘邊
大穀
太和
龍海村
龍交界
甘竹新村
甘竹大金山邊
天后廟
甘竹灘
羊䑸江
金雞壁
水出江門
屬新會縣
第一角
大雁山

南海九江朱氏家譜　居址圖附　百三　卷五

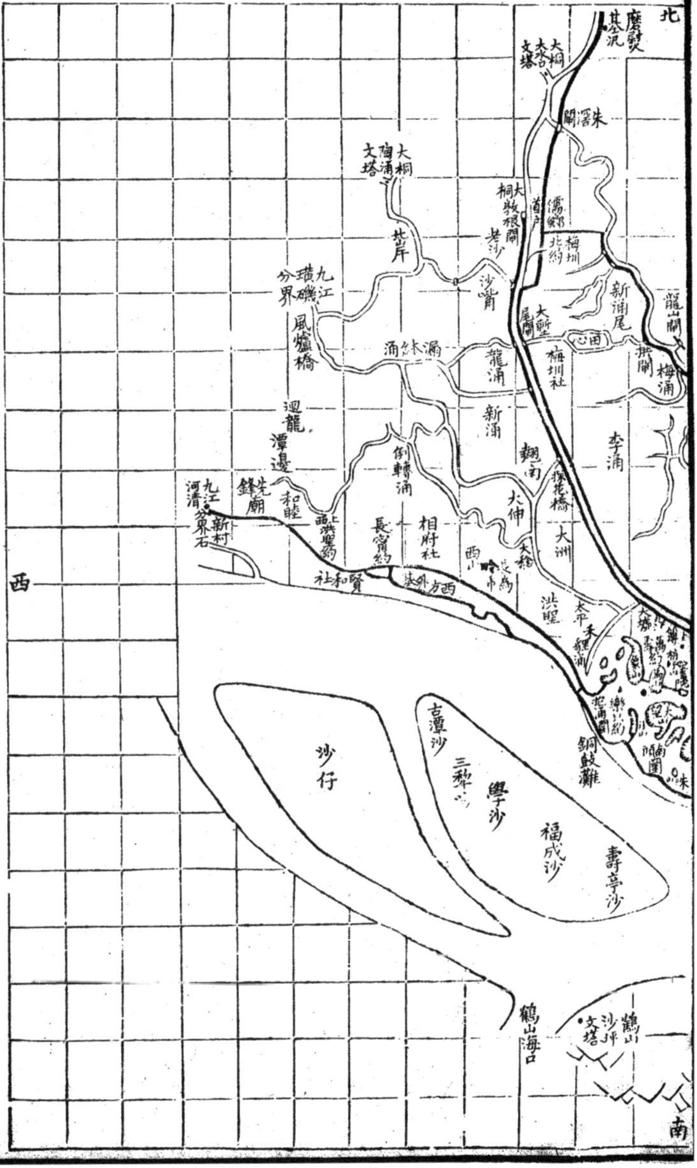

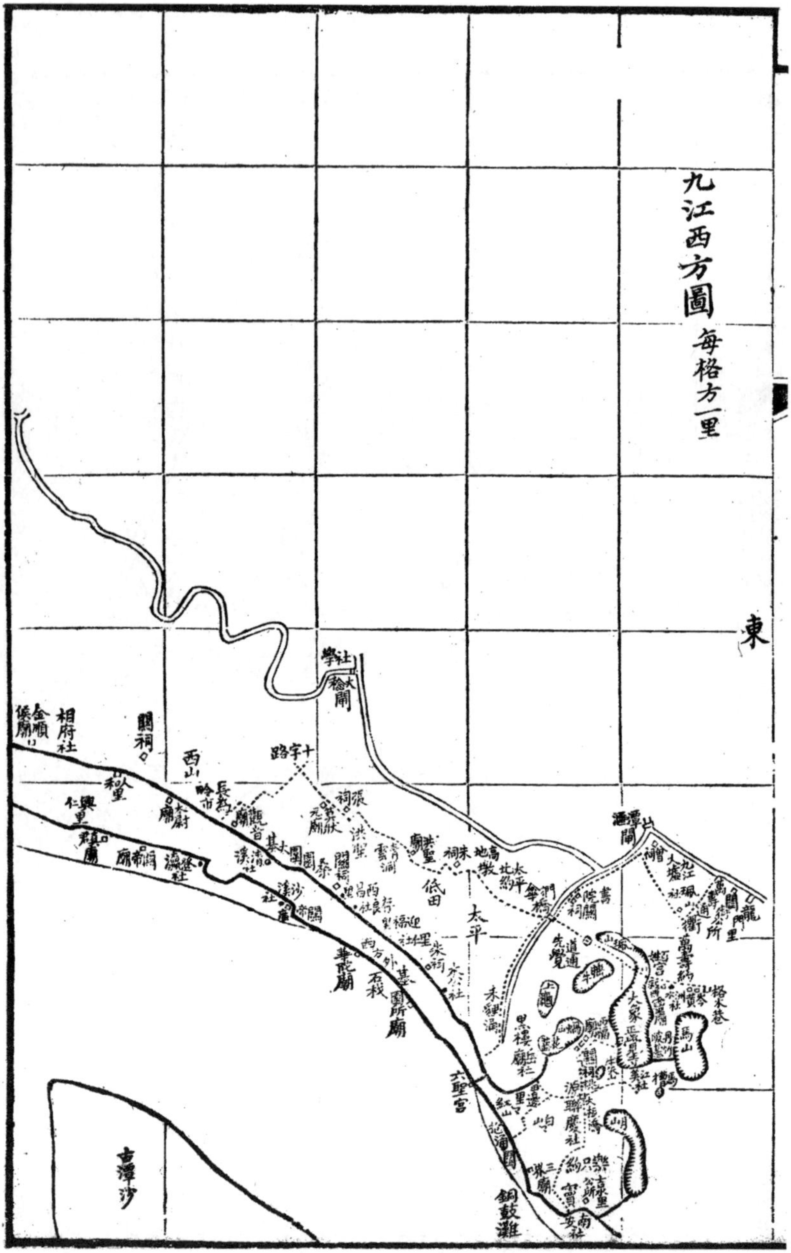
九江西方圖
每格方一里
東
十字路
太平
低田
六聖宮
銅鼓灘
古潭沙
馬山
關祠
相府社

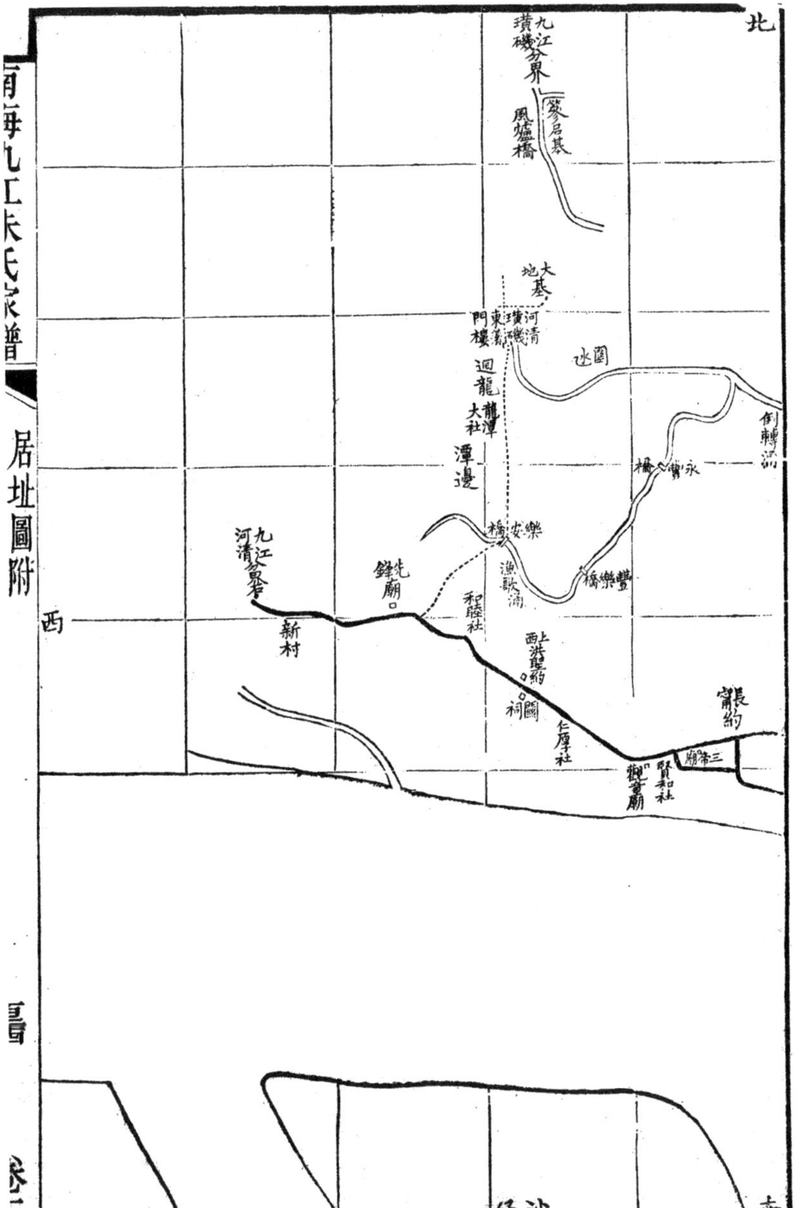

居址圖附
北
九江墳磯分界
風爐橋
大基地
河清
門樓
迴龍
龍潭大社
潭邊
倒轉滘
樂安橋
漁歌滘
豐樂橋
先鋒廟
九江河清分界
西
新村
和睦社
仁厚社
長寧約
三帝廟
賢和社
觀音廟
沙仔
南

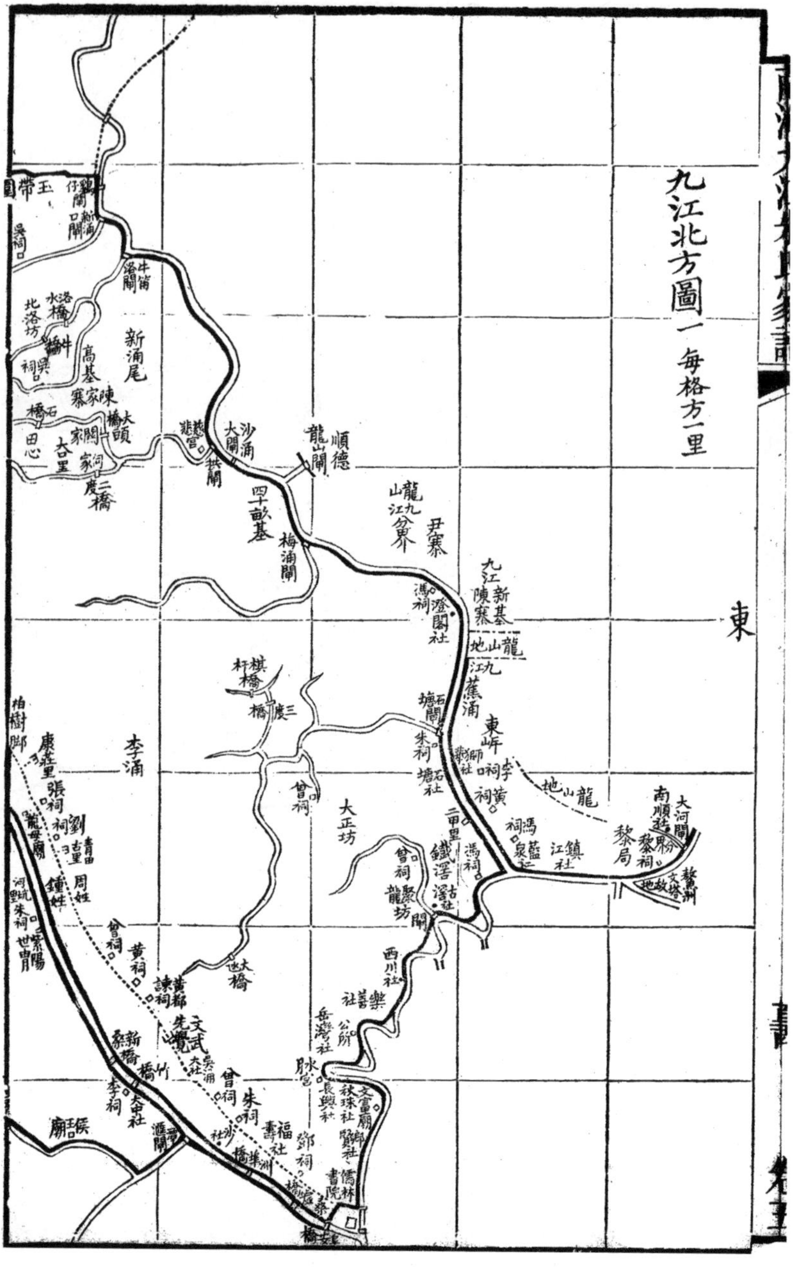
九江北方圖一
每格方一里
東
新涌尾
高基
陳家寨
大頭
新涌
北洛坊
四十畝基
龍山閘
順德
梅涌閘
沙涌大閘
龍山
九江分界
尹寨
九江陳寨新基
龍山地
九江蕉涌
東峰
李祠
黃祠
石塘閘
石塘社
二甲里
鐵滘
古滘社
龍聚坊
大正坊
曾祠
李涌
康莊里
張祠
劉祠
周姓
鍾姓
紫陽
世胄
馮祠
鎮江社
藍泉社
黎局
南順社
大河閘
鰲洲
西川社
樂善社
岳灣社
長興社
文富廟
秋珠社
鄧祠
儒林書院
黃祠
都諫祠
文武先覺
新橋
竹橋
李祠
大谷社
朱祠
福壽社
曾祠
侯王廟
帶玉
大谷里
田心
三慶橋
二慶橋
大逕橋

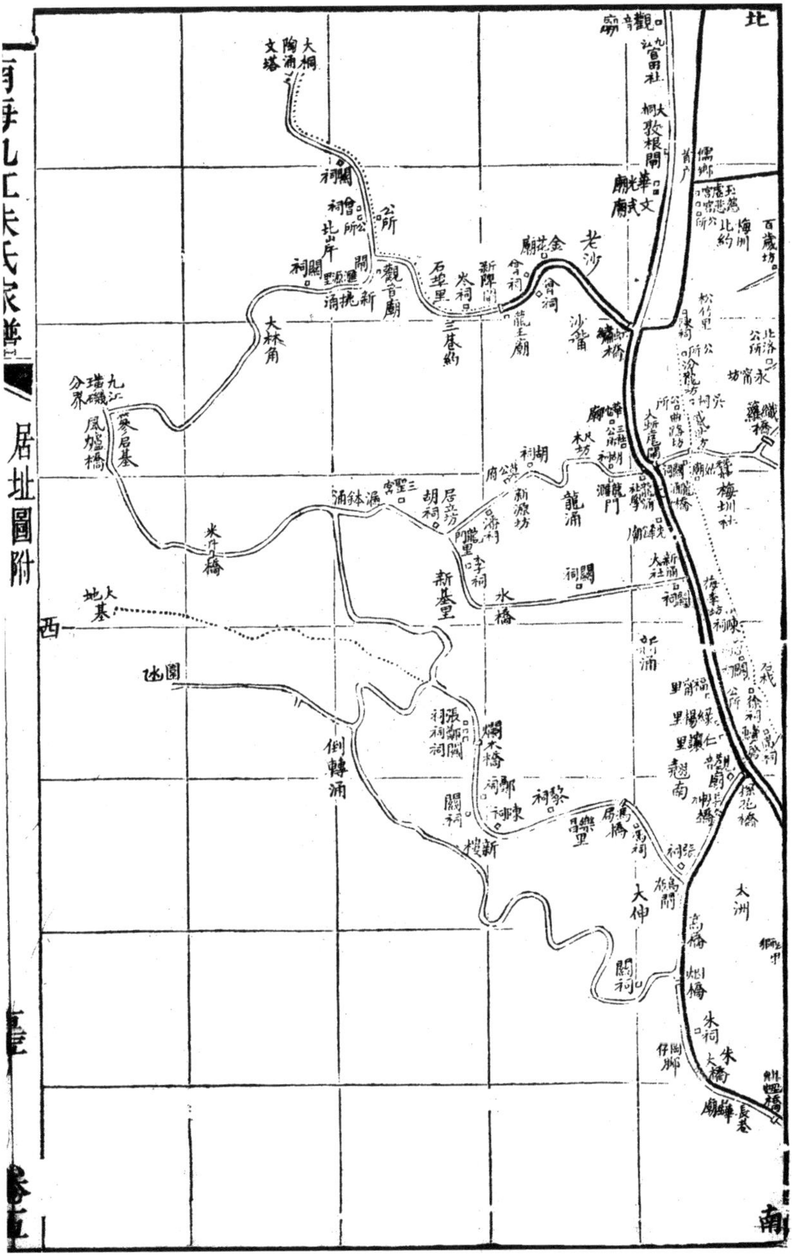
居址圖附
北
南
西
觀音廟
大桐陶涌文塔
老沙
大林角
新基里
水橋
龍涌
倒轉涌
大洲
大伸
梅圳社
百歲坊

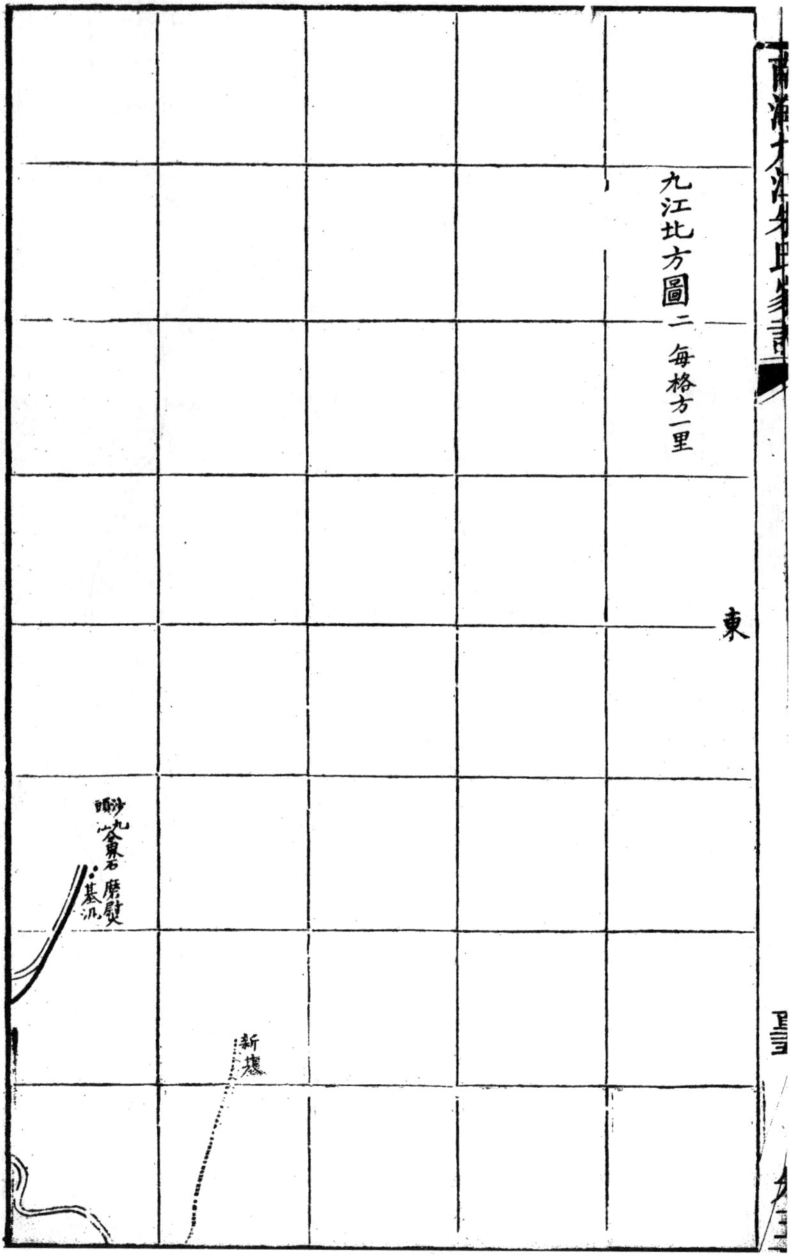
九江北方圖二
每格方一里
東
沙頭
基汎
新墟

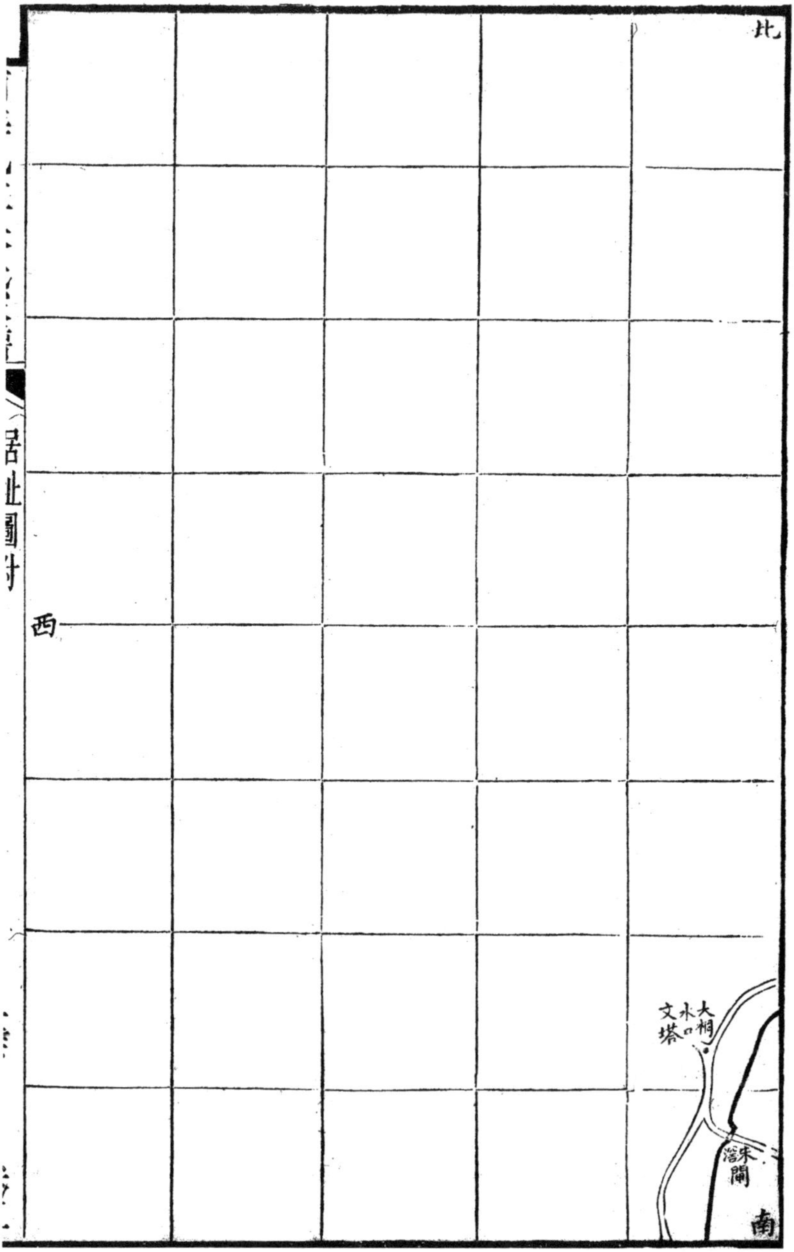
北
西
大桐水口
文塔
滘朱閘
南

西方族姓居址圖

大稔約
北方大洲
朱大橋
北方濠邊
低田
洪聖約
江峯祠
北源祠
月塘祠
太平約
東里祠
始祖祠
通齋祠
錦堂祠
禾貍涌尾
外祖墓
萬壽約
花街
象山
蝸山
潭邊
大涌
東
桑園大圍
桑園外圍
樂只約

南海九江朱氏家譜　居址圖附

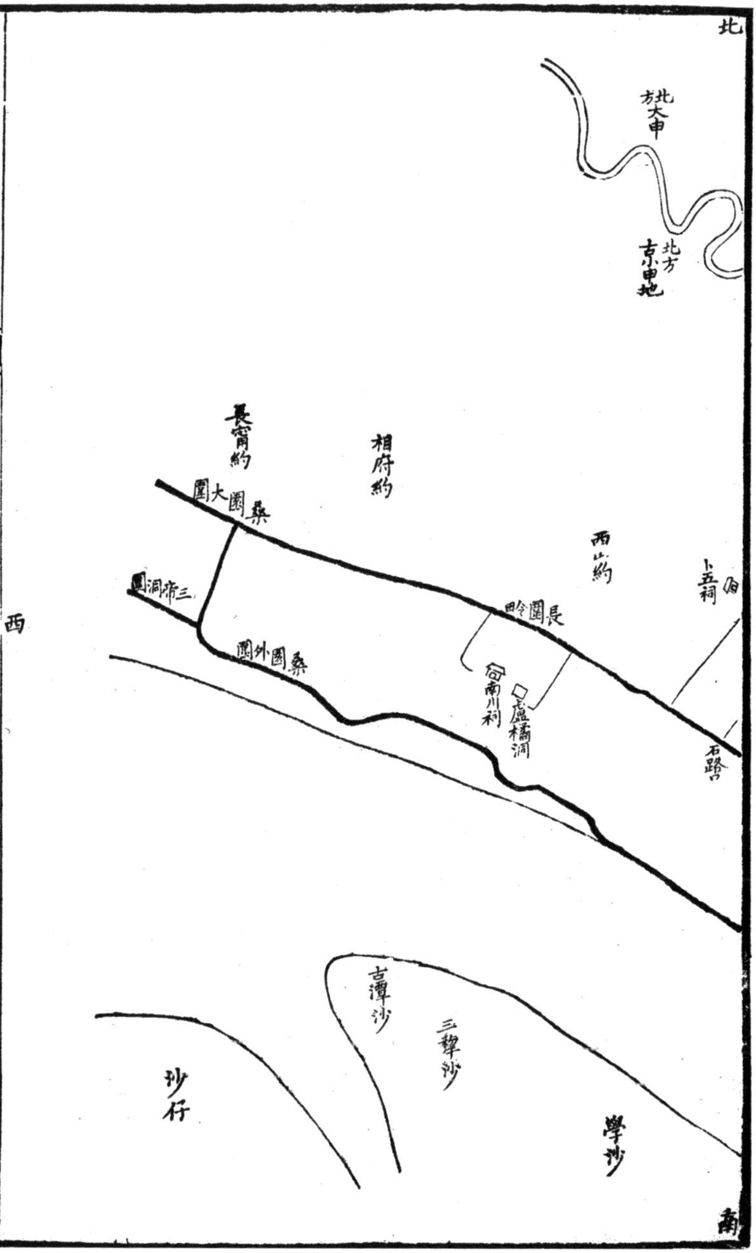

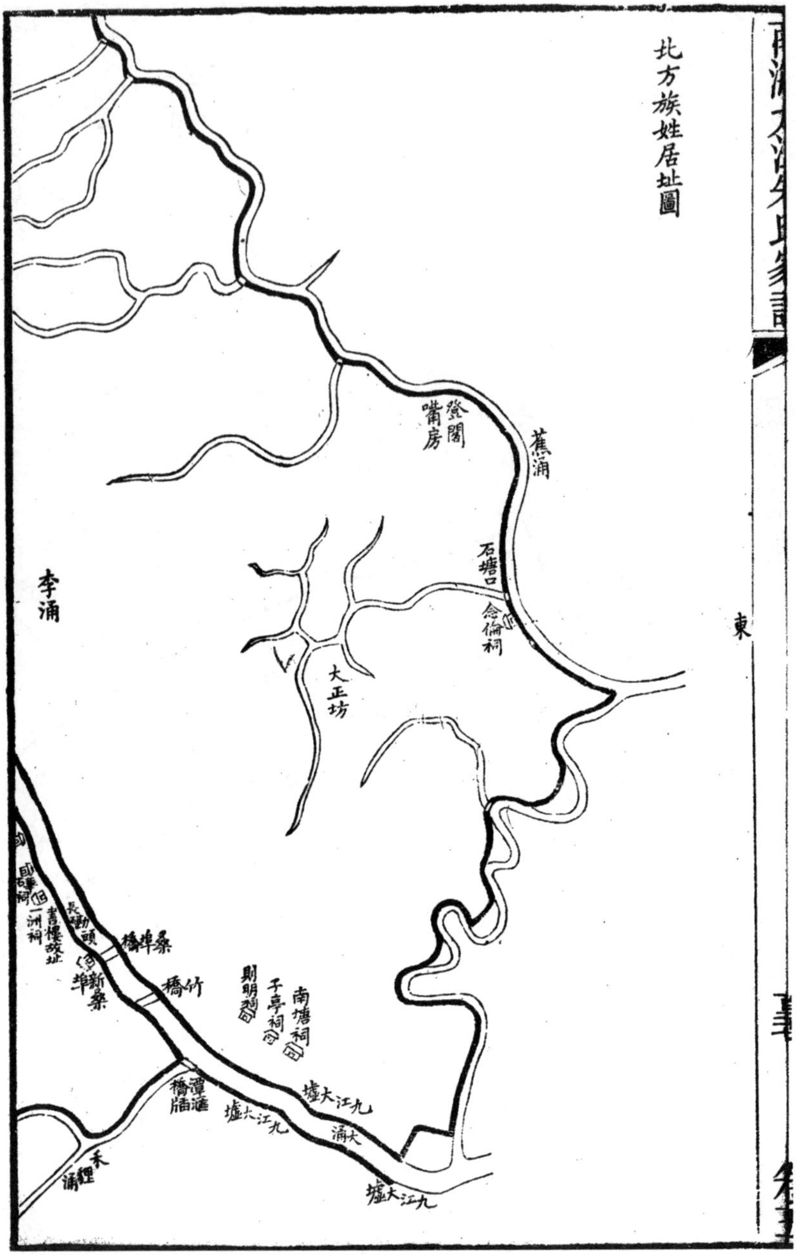
北方族姓居址圖
發閣
嘴房
蕉涌
石塘口
念倫祠
李涌
大正坊
東
國華祠
一洲祠
書樓故址
長勒頭
桑埠橋
新桑埠
竹橋
則明祠
子亭祠
南塘祠
九江大墟
九江大墟
大涌
九江大墟
禾鯉涌

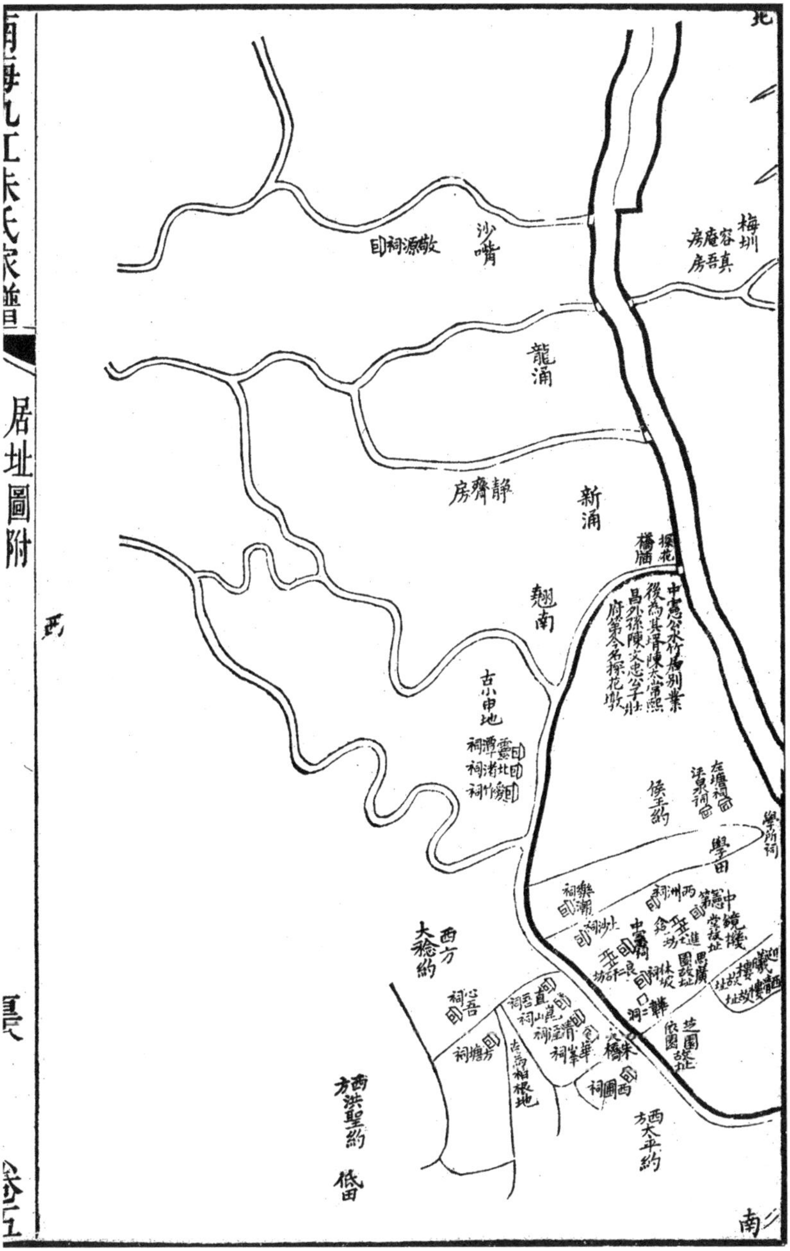
居址圖附
北
梅圳
容庵房
真吾房
沙嘴
敬源祠
龍涌
靜齋房
新涌
翹南
西
古小申地
中憲公永竹居別業後為其壻陳太常熙昌外孫陳文忠公子壯府第今名探花墩
侯王約
學田
西方大稔約
西方洪聖約
低田
西方太平約
南

南海九江朱氏家譜卷五終